本书为广西教育科学"十三五"规划重点研究课题
《平安中国视角的广西高校大学生风险管控研究》
（编号 2017B084）的核心研究成果

U0598184

PING' AN ZHONGGUO SHIJIAO DE

GUANGXI GAOXIAO XUESHENG

FENGXIAN GUANKONG YANJIU

平安中国视角的
广西高校学生风险管控研究

唐金成　梁桂华　陈　军　等著

广西人民出版社

图书在版编目（CIP）数据

平安中国视角的广西高校学生风险管控研究 / 唐金成等
著 . — 南宁：广西人民出版社，2019.8
ISBN 978-7-219-10891-8

Ⅰ. ①平⋯　Ⅱ. ①唐⋯　Ⅲ. ①高等学校—学校管理—
风险管理—研究—广西　Ⅳ. ① G647.4

中国版本图书馆 CIP 数据核字（2019）第 189036 号

监　　制	韦鸿学
策　　划	龙　钢
责任编辑	唐薇薇
责任校对	覃萃萍
封面设计	翁襄媛

出版发行	广西人民出版社
社　　址	广西南宁市桂春路 6 号
邮　　编	530021
印　　刷	广西社会福利印刷厂
开　　本	880mm×1230mm　1 / 32
印　　张	6.5
字　　数	200 千字
版　　次	2019 年 8 月　第 1 版
印　　次	2019 年 8 月　第 1 次印刷
书　　号	ISBN 978-7-219-10891-8
定　　价	40.00 元

作者名单

唐金成　梁桂华　陈　军　袁　源　史亚政
林媚远　周苏靖　董文婷　徐　娴　黄　美　任　艳

FOREWORD 前言

　　近年来，我国高等教育在跨越式发展的同时，大学生面临的风险事故不断增多，事故种类不断翻新，高校学生已成为风险高发群体，并因此受到学校、教育部门和社会各界的广泛关注。在校阶段，部分大学生的自控能力不强，较多地依赖网络，尚未树立起正确的价值观和健全的人格，面对风险带来的消极影响，茫然无措、缺乏自信，因无法规避风险而造成财产损失，极端者甚至会采取自杀等极端方式解决问题。一旦他们发生危险事故，就会影响整个家庭，并影响整个学校乃至社会的安稳。

　　大学生作为社会主义建设的未来主力军，其安全问题关系着整个平安中国的建设。只有努力创建平安高校，给大学生提供安全稳定的学习与生活环境，才能保证其健康快乐地学习、生活、成长，将来运用所学知识来建设美丽富强的中国。

本书共分九章内容，第一章"导论"，阐述了平安中国视角下广西高校学生风险管控的研究背景及意义，总结梳理了其国内外的研究现状，介绍了详细研究方案，提出了研究的重点、难点及创新之处。第二章"平安中国离不开平安高校建设"，分析了平安中国与平安高校建设的内在联系，指出大学生风险管理是平安高校建设的核心工作。第三章"广西高校学生风险及管理现状调研分析"，阐述了调查问卷的主要目的，通过设计和实施专业调查问卷，对广西高校学生风险及其管理状况与问题，进行了深入调查和统计分析。第四章"广西高校学生风险预警分析"，通过专家咨询、问卷调查、统计分析等方式，采用模糊层次综合评价分析法对广西大学学生风险进行预警分析，得出了相应研究结论。第五章"高校学生风险管理存在问题及险源分析"，对高校学生风险及其类型、风险管理现状与存在的问题进行了分析，并从社会、学校和学生三个方面，指出了全国高校学生风险发生的根源。第六章"广西高校学生典型风险事件案例分析"，通过介绍多起大学生典型风险案例，分析了各类风险事件的特点，提出了相应的防范措施。第七章"发达国家高校学生风险管理的经验与启示"，分析了美国、英国、日本、德国高校风险管理状况与经验，总结了对广西高校学生风险管控的相关启示。第八章"科学管控大学生风险，努力建设平安校园"。综合以上研究内容，从政府及教育主管部门、学校及学生层面、保险人及保险经纪人方面，提出了一系列管控风险的政策建议。第九章"广西高校学生风险防范及应急预案",提出了六大类自然灾害的防范及应急预案、八大类意外事故的防范及应急预案以及八大类大学生行为心理风险防范及应急预案。

本书是作者们在长期关注、深入研究高校风险管控与保险问题的一系列成果基础上,结合广西高校的发展实践,进一步深入调研、学习借鉴国际先进经验,反复推敲论证、系统总结后提炼而形成的研究成果。该成果既具有理论前瞻性及创新性,也具有扎实的实践基础和现实指导意义。本书既是高等院校、保险理论界、保险监管部门以及各个保险企业不可多得的学习、研究参考书籍,也值得全国高校相关专业用来作为教学参考书籍,对各级图书馆而言也值得珍藏。

本项目在研究过程中,得到了广西大学、广西壮族自治区教育厅及广西人民出版社的大力支持,也获得了中惠保险经纪公司、多位同事及保险同行的支持和帮助。在此谨表诚挚谢意、衷心祝福。

唐金成

2019 年 7 月 28 日于南宁

CONTENTS 目录

第一章

导　论

本章阐述了平安中国视角下广西高校学生风险管控的选题依据、研究背景及意义，总结梳理了其国内外相关研究现状，介绍了具体研究方案，提出了研究重点、难点与创新之处。

一、研究背景及意义

（一）研究背景

1. 选题依据

本文的政策依据在于，建设平安校园乃至平安中国，是实现人才强国战略的迫切需要，也是发挥现代保险业的社会风险管理与经济保障功能作用，发挥保险经纪人的风险管理及保险技术服务功能，切实提高我国高校治理水平的需要。

现实依据在于，基于国内外相关研究的学术史梳理及研究动态，对本课题的研究领域涉及甚少，相对现有的研究领域，我们已有了一些相关学术和应用研究成果，具备了进一步深入研究的条件。

2. 研究背景

2016年10月12日，习近平总书记做出重要指示：继续加强和创新社会治理，完善中国特色社会主义社会治理体系，努力建设更高水平的平安中国，进一步增强人民群众的安全感。近年来，我国高等教育在跨越式发展的同时，各种不安定因素也在增多，致使大学生风险事故层出不穷，事故种类不断翻新，严重影响到高校的运转和人才培养，妨碍了平安校园的建设。大学生作为风险高发群体这一观点也被提了出来，并受到了学校、教育管理部门和社会各界的关注。

现阶段，我国部分大学生的自控力不强，尚未树立起正确的价值观和健全的人格，过度依赖网络，面对各种风险带来的消极影响，茫然无措、缺乏自信，进而导致无法规避风险而造成一定的财产损失，极端者甚至会采取自杀等极端方式解决问题。一旦他们发生危险事故，就会影响整个家庭，并影响整个校园甚至社会的安稳。大学生作为社会主义建设的主力军，其安全问题关系着整个平安中国、人才强国战略的实现。只有重视校园风险管理，创造平安高校，给大学生提供安全稳定的学习与生活环境，才能保证其健康快乐地学习生活、尽快成才，将来运用所学知识建设美丽富强的中国。

（二）研究意义

1. 理论意义

随着中国高校风险范围的日益扩大与大学生工作的日益复杂化，中国亟待从建设平安校园乃至平安中国以及保险经纪人角度，对大学生风险进行全面系统管控，在风险管控各个环节中有效实施风险管控的技术。本项目结合现有不同视角下高校学生风险研究成果及各行业风险管理理论运用的成功经验，通过专家咨询、问卷调查、统计分析等方法，识别与估测高校学生面临的系统风险，分析其风险发生的根源，运用全面风险管理与保险理论，对高校学生风险管控机制提出政策建议，并丰富高校学生风险管理理论指导方案，在相关方面具有重要学术价值和理论意义。具体表现在以下四个方面：

（1）从宏观、微观两个层面以及平安中国与保险经纪人角度，揭示中国（广西）高校学生面临的系统风险，并指出其深层成因。

（2）借鉴发达国家高校学生风险管理经验，提出适合中国（广西）高校学生的全面风险控制理论。

（3）从建设平安校园乃至平安中国，以及保险经纪人角度研究中国高校学生风险动态预警系统，提升高校风险防控水平。

（4）延伸高校学生风险管理理论研究，提出保险经纪人支持机制，完善高校风险防控理论。

2. 现实意义

近年来，我国高等教育跨越式发展中的社会不安定因素日渐增多，致使大学生风险事故层出不穷，事故种类不断翻新，高校学生已经成为一个风险高发群体，同时受到学校、教育主管部门和社会各界的关注。高校风险的涵盖范围较广，相关主体在管控大学生风险的同时，缺乏较为系统的风险管理理论指导。

本项目通过对广西高校学生进行问卷调查，针对收集到的500多份问卷数据，从全面风险管理角度出发，充分利用商业保险手段，发挥保险的风险管理与防灾防损职能，提出了相应的管理模式及对策建议，制定了一系列大学生风险防范及应急预案。这为构建广西高校学生全面风险管理体系提供一定的科学依据，减少了相关风险损失，具有重要的区域实际应用价值及全国推广价值，也能够有效助推平安高校、平安中国的建设步伐，有利于实现人才强国战略。具体表现在四个方面：

（1）完善中国（广西）高校学生风险管理机制，确保"平安中国""平安高校"建设的可持续发展。

（2）以风险管理理论模型和经纪人操作技术，为中国（广西）高校学生全面风险管理提供有效的技术支持。

（3）为中国（广西）制定高校学生全面风险管理政策提供参考，以保险经纪人的技术服务促进平安校园的健康发展。

（4）提高中国（广西）高校学生保险的覆盖率，增强学生、学生家庭、高校应对各类风险的能力，促进科教兴国、人才强国战略顺利实施。

二、国内外研究的现状

（一）国内研究现状

1. 关于校园危机与突发事件的管理

顾剑华、石奎（2008）运用层次分析法和模糊评价法，建立了由 16 个指标组成的高校危机管理预警综合评价模型；唐钧等（2010）总结了五类主要的校园风险，强调需要多方参与共同构建全方位、多层次和综合性的校园危机管理体系；王素平（2013）总结了高校危机事件的特点，借鉴美国、日本与德国高校危机事件处理的经验，提出了相关政策建议；王万志（2016）基于危机管理理论和实际案例的分析，提出了高校突发事件的一系列应对策略。

2. 关于高校风险管理

思璞（2005）从打造校园安全的"软""硬"环境方面，提出了规避校园安全风险的政策建议。刘月超（2007）认为，可以建立校方责任险、助学贷款信用保险等和以保险中介为纽带的教育风险管理体系，从而有效降低校园风险。朱佳君（2008）研究了校园火灾风险的评价问题，并设计与开发了校园火灾应急系统平台。顾闻钟、徐勇（2009）通过 5 项二级指标、18 项三级指标的设计，研究了学校安全管理水平评价指标体系的构建问题。

王志平等（2010）提出了维护学校安全的建议和创新治安预防模式。杨洋（2011）借鉴了发达国家校园责任保险的运行模式，针对我国校园责任保险的发展现状，提出了健全我国校园责任保险制度的系列建议。任红印（2012）对我国普通高校安全问题进行了原因分析，并提出了一些建设风险管理体系和平安校园的具体措施。李绍锋和郑元凯（2014）总结了高校学生管理中存在的风险类型、风险的主要特点及管理工作的主要问题，提出了完善学生工作风险管理系统的具体对策。李延德等（2016）从社会、学校及学生自身方面，探析了大学生风险的成因，并提出了大学生风险管理的具体建议。

3. 关于学生体育风险管理

张超慧（2004）等人从利益角度探讨了学校体育风险问题，确立了以风险增益为研究对象的新的研究方法，为学校体育研究提供了新的思维视角。沈纲（2006）指出了高校体育风险的特点，存在的主要风险类型和控制措施。蔡春霞（2006）分析了学校体育风险与风险管理的特殊性。秦巍峰（2007）对学校体育活动中潜在的风险因素进行了系统分析。高进和石岩（2008）初步构建了中学生体育活动伤害事故的风险识别、评估与应对的理论与方法体系，并提出了中学生体育活动伤害事故的风险应对策略与方法。黄兰平（2012）对我国高等院校体育风险因素、体育风险管理现状进行了分析，并提出了对应的管控途径。季跃龙和朱海艳（2016）通过结构方程模型（SEM），揭示了影响高校体育活动风险管理的主要因素有大学生主观风险认知、高校客观体育运动条件和高校体育风险的管控机制。

4. 关于全面风险管理

陈秉正（2003）提出了风险整体化管理的概念；张恩照（2005）提出了自适应式全面风险管理思想；曾忠东（2006）指出了全面风险管理是现代金融风险管理发展的必然趋势；李树敏

（2007）提出了健全我国金融企业全面风险管理体系等相应建议；胡建波（2008）探析了可通过4个部分来构建全面风险管理的框架体系；高志强（2009）利用连接函数（Copula）和蒙特卡洛模拟方法，研究了全面风险管理体系中的风险整合问题；赵斯昕和丁日佳（2010）对全面风险管理（ERM）框架中，风险管理过程及框架配套设施的特点进行了说明；郑伟（2010）基于全面风险管理，对企业内部控制进行了探讨；马赛（2012）阐述了全面管理和内部控制的重要性以及目前存在的问题，并提出了相应的对策建议；田远和刘宁（2013）基于全面风险管理框架，探讨了商业银行风险预警机制的构建；崔亚（2016）试图为全面风险管理建立一套以"主体E"为出发点的规范性理论，以便为决策主体选择最优策略。

（二）国外研究现状

1. 关于校园危机与突发事件的管理

美国学者勒纳（Lerner）等针对美国校园出现的暴力、滥用药物、试婚怀孕、意外伤害、性骚扰等事件，提出了具体解决对策；芬克（Frink）（1986）设计了四阶段生命周期模型、米特罗夫（Mitroff）（1994）的五阶段模型和最基本的三阶段模型应用于学校对学生风险的实际工作管理中；詹森和蒂芙尼（Jason&Tiffany）（2014）把危机划分为灾害、危机和危急事件3个级别，并建立了相应的干预计划。

2. 关于高校风险管理

亚当斯（Adams）（1972，1973）对高校风险的识别和评估、高校风险管理的运作，以及董事会在相关保险中的角色问题做了研究。班尼特（Bennett）（1990）指出，高校运用保险手段转移风险的同时还需要支付损失成本，因此必须建立高校风险管理制度。李（Lee）、罗杰雷（Roger Ray）（2003）对高校学生危机的潜在风险和原有的法律、政策进行了研究，最后探讨出一种新的政策模式来防范学生群体的过激行为。迪克森和法隆（Dickerson&Fallon）（2004）对美国高校风险管理的状况及如何实施全面风险管理等问题进行了研究。乌尔米亚（Urmia）（2007）对高校建立全面风险管理的模式和构建各具特色的全面风险管理制度等问题进行了探讨，针对已实施全面风险管理制度的高校，例如加州大学等进行了个案分析。美国大学院校业务主管协会（NACUBO）（2010）从超过 300 所具备应急响应预案的美国高校中，选取 6 所安全和保障方面效果佳、方案迥异的高校进行了个案研究，为其他高校科学开展应急管理做出了重要指导与参考。

3. 关于学生体育风险管理

富勒（Fuller）（2004）提出，风险管理可以识别可能导致损伤的风险因素以及与要估计和评估的活动相关联的风险水平，特定运动中风险的可接受性，取决于所涉及的参与者的感知。埃萨和穆斯塔（Esa & Mustaffa）（2015）进一步验证了罗殊模型（Raschmodel）对学校体育风险管理实践的应用效果。

4. 关于全面风险管理

弗洛特和斯泰恩（Froot & Stein）（1993）对金融机构建立了资本预算的双要素模型；森普（Shimpi）（2001）构建了全面风险管理和价值创造的新保险模型；杰里·米科利斯和萨米尔·沙阿（Jerry Miccolis & Samir Shah）（2001）将全面风险管理理论与公司战略管理相结合，得出了投机风险是价值创造的有效基础的结论。丽莎·梅尔布鲁克（Lisa Meulbroek）（2002）提出，企业在日常经营中，应该关注影响企业价值的所有风险；卡尔普（Culp）（2002）建议企业应该采用整体化风险管理，利用金融衍生工具来管理风险，避免非预期事件对企业财务产生的巨大冲击。美国大学院校业务主管协会（NACUBO）和普华永道会计师事务所（PWC）（2005）对全面风险管理框架的形成问题进行了探讨，提出了建设性意见。

（三）国内外相关研究的梳理与评价

总体而言，国内外涉及大学生风险管理的研究成果，主要集中在校园危机与突发事件的管理、高校风险管理和学生体育风险管理等方面，缺乏系统全面的大学生风险管理研究，尤其是从保险人及经纪人方面进行的研究，这是未来理论界需要重点研究的方向，也是我们的研究将进一步论述分析的地方。

同时，全面风险管理是时代发展的必然要求和国际趋势，但其相关研究目前主要集中在企业的风险管理及其内部控制，较少涉及高校及其学生的全面风险管理。

本项目旨在运用全面风险管理理论与保险技术手段，结合涉及高校学生风险管理的研究，从平安中国、平安高校建设及保险人与保险经纪人的角度，对广西高校学生风险进行全面系统地识别与估测，并对其进行科学管理，以便进一步丰富中国高校学生风险管理理论体系，弥补关于经济领域参与大学生全面风险管理的研究的空白。

国内对大学生风险管控的研究还处于初级阶段，总体研究成果分散，缺乏定量研究及成熟的研究成果，更缺少从保险经纪人角度进行研究的成果，这为本课题的研究提供了空间。本项目负责人及其成员长期从事保险与风险管理研究，积累了丰富经验，足以支撑项目的按期完成。课题组成员在学历、知识结构、研究专长等方面搭配合理，有不少前期研究成果，整体科研能力强，为完成本项目奠定了坚实基础。

三、研究方案

（一）研究对象与框架

1. 研究对象

（1）中国（广西）高校学生面临的各种风险。对风险进行分类细化，如人身风险、财产风险、信用风险、责任风险和其他风险，或者自然灾害、意外事故及心理行为风险，再对其内涵、成因进行全面分析。

（2）中国（广西）高校学生的风险防控方法。结合全面风险管理理论及相关成果，构建大学生风险管理大框架，寻求有效的风险管理模式、方法。

（3）中国（广西）高校学生风险防控技术支持机制。从保险经纪人角度对大学生面临的风险进行评估与估测，并对风险类别与等级进行分类。风险类型的甄别必须全面且可靠，这是构建全面风险管理系统普适性的基础。辨析高校学生风险现状及风险来源。风险产生流程中暴露的风险或潜在的风险因素必须引起注意，隐蔽性的风险往往会加大识别难度，这也是风险管理系统构建的重点。

2. 总体框架

基于风险管理技术、全面风险管理理论及问卷调查整理出的现实数据,按如下主线展开研究:高校学生风险及其管理现状数据收集→风险成因及风险管理现状分析→借鉴发达国家高校学生风险管理的经验→提出风险管理的系列政策建议→设计高校学生全面风险管理体系的防控制度。

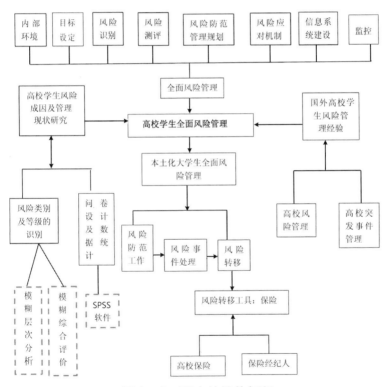

图 1-1 研究的总体框架

（二）研究内容

本项目的研究内容主要包括以下六个方面：

（1）全面识别广西高校学生面临的风险。通过发放问卷、与高校风险管理负责人面谈等方式，收集和统计数据，使用模糊层次分析法及模糊综合评价分析法，识别与估测大学生风险的来源、类别与等级。

（2）总结广西高校学生风险管理的现状与存在问题，找到目前广西高校风险管理的缺陷所在，并提出相应的政策建议。

（3）探明广西高校学生风险的来源因素。针对高校学生面临的风险类别，甄别其源头因素，还原风险发生过程，以便做好风险事前的防范预警工作。

（4）分析美国、英国、日本和德国高校风险管理的基本情况，总结这些国家高校学生风险管理的经验，进而提出对广西高校风险管理系统建设的具体启示。

（5）构建广西高校学生全面风险管理体系。基于全面风险管理理论与保险学理论，结合广西高校学生风险的特点，案例分析，借鉴发达国家的相关经验，得出调查结果与研究结论，构建一套广西高校学生全面风险管理体系。

（6）设计一套《广西大学生风险防范及应急预案》，包括六大类自然灾害的防范及应急预案；八大类意外事故的防范及应急预案；八大类大学生行为心理风险防范及应急预案。

（三）研究思路

1. 基础分析

基于广西高校及平安中国建设，分析现代大学生风险管控的紧迫性与现实意义。统计分析近年来所报道的全国大学生风险事件，以此证明高校学生风险问题的严重性，进而阐述广西高校在平安校园、平安中国建设中，对大学生风险进行管控的紧迫性及其现实意义。

2. 实证研究

（1）设计风险调查问卷。基于总结、提炼出的所收集到的风险事件的特点，得出调查问卷的方向，进而向教育行业与风险管理的专家进行咨询，并从各高校里抽取大学生及相关管理人员，分别进行面对面的访谈，设计出关于广西高校学生风险及其管理现状的高可信度问卷。

（2）发放调查问卷、实施调查。选取广西南宁市具有代表性的高校现场分发问卷，相对较远的高校采用网络问卷的方式进行调查。

（3）分析广西高校学生的风险及其管理现状。采用统计产品与服务解决方案软件（SPSS），对通过问卷调查收集到的数据进行统计分析，分析大学生风险管理的现状及存在的具体问题，再结合模糊层次分析法、模糊综合评价分析法等方法，对风险类别及等级进行全面的识别与估测。

3. 理论研究

分析广西高校学生风险的深层次成因，总结、借鉴发达国家高校学生风险管理的经验，再结合我国国情、广西各高校与大学生的实际状况，总结、提炼出一些对广西高校学生风险管理的启示。

4. 制度设计及政策建议

综合研究各种资料，最后设计出平安中国建设中广西高校学生风险管控的各种制度及政策建议。综合以上研究内容，我们从政府及教育主管部门层面，学校及学生层面，保险人及经纪人层面，提出了一系列管控风险的制度与政策建议。

（四）研究方法

1. 统计资料研究法

本项目从广西大学图书馆现有的 30 多个数据库中，收集了必要的文献参考资料与统计数据，保证了项目深入研究的基本需要。

2. 实地调查研究法

通过对广西教育行业和风险管理专家的座谈、咨询，以及随机抽取各高校学生与相关部门人员进行面对面的访谈，设计出了合理的调查问卷。同时，采用网络问卷与纸质问卷相结合的方式，进行了实地调研。

3. 案例分析法

本项目选取了广西高校各类大学生典型风险事件，并进行了深入探讨，提出了相应的风险防范意见，为制定高校学生风险管理制度及政策建议提供了实践依据。

4. 定性与定量分析结合法

（1）运用模糊层次分析法和模糊综合评价分析法，准确排序各类大学生风险，识别风险类别及等级，将识别出来的各种风险及其原因进行适当归类，并以文字做系统论述，为下一步的研究打好基础。

（2）运用 SPSS 软件，对调查问卷的可信度与有效性进行科学分析，不断完善调查问卷。

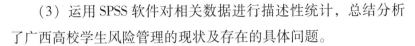

（3）运用 SPSS 软件对相关数据进行描述性统计，总结分析了广西高校学生风险管理的现状及存在的具体问题。

5. 归纳和演绎法

归纳即从个别到一般，演绎即从一般到个别。本项目分析广西各类大学生典型风险管理现状及存在的问题，国内各类大学生风险及其典型事件，发达国家大学生风险管控的经验借鉴，进而通过归纳法对上述内容进行了归纳、总结。同时，运用演绎法对现阶段各类大学生典型风险事件的管控制度和政策建议进行了演绎归纳。

四、研究的重点、难点与创新之处

（一）研究的重点

第一，对大学生目前面临的风险进行全面评估与估测，并对风险类别与等级进行分类。风险类型的甄别必须全面且可靠，这是构建全面风险管理系统普适性的基础。

第二，辨析广西高校学生风险现状及风险的来源。风险产生的流程中暴露的风险或潜在的风险因素必须引起注意，隐蔽性的风险会加大识别难度，这也是风险管理系统构建的基础。

第三，分析总结广西高校学生风险管理模式，找到广西高校相关风险管理模式的缺陷所在。提出具有高效性和实用性的风险防范与应对机制，体现对风险管理模式的修改和提升。将高校学生风险产生的流程分割成可识别的阶段，再匹配适当的防范与应对方案，这是整个风险管理体系构建的关键所在。

第四，建立大学生风险预警的制度体系。风险防范的关键在于有效的风险预警系统，结合问卷的数据，选择预警指标，基于模糊层次分析法与模糊综合评价分析法，对指标赋予权重和对预警体系进行检验。

第五，结合收集的数据和探明的风险原因，对比环境差异、国情的特殊性与国外高校学生风险管理的实践模式，运用全面风险管理与保险理论，为构建符合广西高校学生的全面风险管理体系提供一定的科学依据，以期推进广西乃至全国高校风险管理水平的有效提高。

（二）研究的难点

第一，如何采用风险评价指数法、模糊层次分析法等方法，将高校学生面临的风险或标志性因素列出，对每一类风险进行回归、预测具体标准的风险权重值，将风险具体量化，使得主观风险与客观风险得以分离。

第二，怎样构建中国高校学生风险管理体系，并对此提出有效的政策建议。高校学生面临的风险并非全部来自客观外界环境，有些风险的出现是因为大学生主观上存在认识不足或错误而造成的，其风险类型繁多，风险防范及预警方案由于风险类型的差异而不同。各高校应根据评估得出的风险比重、有重点地防范风险，但防范措施需要结合高校自身的现有条件及其地域等的特殊性，保证措施的高效性和实用性。

第三，如何科学设计一套高校学生风险防控的制度，包括针对六大类自然灾害的防范及应急预案，八大类意外事故的防范及应急预案，以及八大类大学生行为心理风险防范及应急预案。

（三）创新之处

1. 学术思想方面

（1）首次从平安中国建设及保险经纪人的视角，系统运用全面风险管理理论与保险理论及方法，综合研究涉及大学生各种风险的管理问题，为广西大学生风险管理制度的构建奠定了科学基础。

（2）结合模糊层次分析法与模糊综合评价分析法，对大学生风险类别及等级进行科学分类与评价。

（3）分析了美国、英国、日本和德国高校风险管理的基本情况，总结这些国家高校学生风险管理的经验，进而提出了有助于广西高校学生风险管理系统建设的具体启示。

（4）构建了广西高校学生全面风险管理体系。从平安中国建设及保险经纪人角度，提出了进一步完善高校学生风险管理理论指导方案、各种风险的应急防范预案，补充完善了金融保险领域参与大学生全面风险管理方面的研究成果。

2. 学术观点方面

（1）大学生已成为我国风险高发群体，对其进行安全管理，关系整个平安校园、人才强国战略的实现。有效发挥保险经纪人的风险管理及保险技术服务功能，是完善高校全面风险管理制度的创新选择。

（2）从平安中国建设及保险经纪人角度来说，基于我国高校风险管理情况与问题，借鉴国际经验，设计一套完整的高校学生风险防控政策与制度，是提高我国高校风险管理水平、建设平安校园的前提和保障。具体包括针对政府及教育主管部门、学校及学生、保险人及经纪人方面的政策；针对广西高校六大类自然灾害、八大类意外事故以及八大类大学生行为心理风险，制定了相应的防范及应急预案。这些也是本项目的核心内容。

3. 研究方法方面

（1）案例分析与计量分析法相结合。以大数据为基础，将经典的经济学模型引入高校学生风险管控分析，将定性分析与定量分析相结合进行研究。

（2）全面风险管理理论和保险学理论。将全面风险管理理论运用于高校学生风险管理研究，探讨高校学生面临的各种风险、高校学生风险管理存在的问题，构建高校学生风险管理制度体系，运用保险学理论构建保险经纪人参与支持机制。

第二章

平安中国离不开平安高校建设

本章分析了平安中国与平安高校建设的内在联系，指出了大学生风险管理是平安高校建设的核心工作，有利于确保"人才强国战略"以及"平安中国战略"的实现，高校学生风险管理也需要保险经纪人的参与。

一、平安中国与平安高校的关系

（一）平安中国的内涵与意义

平安稳定是人民幸福安康和改革开放顺利进行的前提。由于灾害事故的发生与社会风险因素的存在，中国的社会治安管理尚存在一定的盲区，因此，中共中央于 2013 年提出了建设平安中国的理念。

2016 年 5 月，习近平总书记就平安中国的战略地位作出重要指示：平安是我国人民幸福安康的基本要求，是改革发展的基本前提。2016 年 10 月 12 日，习近平总书记进一步作出指示：继续加强和创新社会治理，完善中国特色社会主义社会治理体系，努力建设更高水平的平安中国，进一步增强人民群众的安全感。①

从发展目标层面来看，平安中国建设事关国家的繁荣和发展，内含于中国梦的设想之中。在深化平安中国建设工作会议上，习近平总书记在部署平安中国的建设工作过程中强调：深入贯彻落实党的十八大精神，把平安中国建设置于中国特色社会主义事业的发展全局中来谋划，紧紧围绕"两个一百年"的奋斗目标，把人民群众对于平安中国的要求作为努力方向……"两个一百年"奋斗目标和中国梦，甚至于任何规划的实现，都必须有国家的平安稳定作为有力支撑。

可见，平安中国建设是以人民群众对社会平安的需求为导向，平安中国的价值诉求已经上升为国家发展战略，并取得了可喜成果。建设平安中国为人民群众的安居乐业、社会稳定以及经济发展做出了重大贡献。只有不断深化平安中国建设，努力完善全方位社会防范与公共安全制度，才能建设符合人民群众意愿的和谐中国，并确保人民安居乐业、社会稳定有序、国家长治久安。

---

①习近平. 完善中国特色社会主义社会治理体系　努力建设更高水平的平安中国［EB/OL］. 中华人民共和国中央人民政府网，2016 – 10 – 12 ［2016 – 10 – 2］. http：//www. gov. cn/xinwen/2016 – 10/12/content_ 5118047. htm.

（二）平安高校是平安中国建设的重要组成部分

青年是社会中最富活跃的部分，是中国未来发展的希望。近些年来，接受高等教育的大学生越来越多，他们是青年队伍的中流砥柱。全社会需要重视和保护大学生的安全，因为这是全社会赖以生存和发展的首要前提。高校是人才聚集的地方，是中国社会主义建设主力军的培养基地，平安中国建设离不开平安高校的建立。

尽快创建平安高校意义重大。它既有利于提高大学生生活环境的安全水平，消除或者减少相关风险因素，也能够让大学生在校期间健康快乐地成长，顺利完成学业，进而成为中国特色社会主义建设的有用人才，为实现人才强国做出应有的贡献。

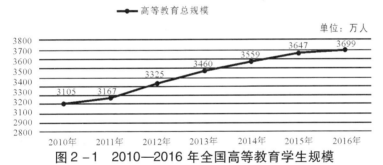

图 2-1　2010—2016 年全国高等教育学生规模

数据来源：2010—2016 年《全国教育事业发展统计公报》

二、大学生风险管理是平安高校建设的核心工作

（一）平安高校建设的基本内容

教育部前部长袁贵仁曾说过：缺乏安全保障的学校，肯定是

一所不合格的学校；缺乏风险预防意识的老师，肯定是一个不称职的老师。这说明，建设一个有保障的平安高校何其重要。平安高校建设，要求高校切实打造一个舒适、安全与稳定的校园环境，让学生、家长和社会都放心的教学园地。

平安高校建设的基本内容，主要包括以下三个方面：

一是努力消除或减少高校学生的各种风险因素，有效防控灾害事故的发生。

二是科学制定大学生风险预警机制与应急系统，有效减轻各种突发事故的不利影响。

三是创造安全稳定的学习与生活环境，确保高校各项工作的平稳运转。

（二）大学生风险管理是平安高校建设的核心工作

2003 年，我国为了确保高等教育事业的稳定与发展，促进大学生身心健康成长，在相关专家和学者的推动下，首次提出了"高校学生工作风险管理"的概念。

高校是为国家建设培养优秀人才的地方，大学生是高校管理工作的主要对象，他们的安全是高校安全管理工作的重点。高校学生的身心健康与学术水平能力等，都代表着这个高校教学与综合管理水平的高低。

因此，只有对大学生的风险成因与管理现状进行深入分析，科学识别与估测其风险，发现相关管控问题，进而学习借鉴发达国家的相关经验，制定高校学生全面风险管理体系，设计一套《广西大学生风险防范及应急预案》，努力减少或者消除相关风险因素，防范风险事故，积极为高校学生创造良好的学习、研究环境，这才是抓住了平安高校建设的工作要点，也才能确保"人才强国战略"以及"平安中国战略"的实现。

（三）大学生风险管理需要保险经纪人的参与

1. 保险经纪人的相关概念与业务范围

依据《中华人民共和国保险法》（2015 年修正）第一百一十八条规定：保险经纪人是基于投保人的利益，为投保人与保险人订立保险合同提供中介服务，并依法收取佣金的机构。

保险经纪从业人员是指在保险经纪人中，为投保人或者被保险人拟订投保方案、办理投保手续、协助索赔的人员，或者为委托人提供防灾防损、风险评估、风险管理咨询服务、从事再保险经纪等业务的人员。

根据我国《保险经纪人监管规定》（2018 年版）第三十六条规定：保险经纪人经营的业务范围包括为投保人拟订投保方案、选择保险公司以及办理投保手续；协助被保险人或者受益人进行索赔；再保险经纪业务；为委托人提供日常的防灾防损或者风险评估、风险管理咨询服务；中国保监会规定的其他业务。保险经纪人的报酬一般由承保的保险公司承担，投保人无需再花钱。

2. 保险经纪人的组织形式

其组织形式包括个人保险经纪人、合伙企业和保险经纪公司三种。大多数国家允许个人保险经纪人从事保险经纪业务活动；英国等一些国家允许以合伙方式设立合伙保险经纪组织，并且要求所有的合伙人必须是经注册的保险经纪人。保险经纪公司是所有国家都认可的保险经纪组织形式，一般采取合伙企业、有限责任公司或股份有限公司形式设立，这也是《中华人民共和国保法》（2015 年修正）及《保险经纪机构管理规定》中所认可的形式。截至 2014 年底，我国共有保险经纪公司 445 家，实现保费收入 504.5 亿元，占当年全国总保费收入的 2.5%，其中财产险保费收入 441.7 亿元，人身险保费收入 62.8 亿元。业务收入 94.2 亿元，其中财产险业务收入 71.9 亿元，人身险业务收入 11.6 亿元，再保险业务收入 1.8 亿元，咨询业务收入 8.9 亿元①。

《保险经纪机构管理规定》中，根据委托方不同还把保险经纪人分为直接保险经纪人和再保险经纪人。直接保险经纪人是指保险经纪机构与投保人签订委托合同，基于投保人或者被保险人的利益，为投保人与保险公司订立保险合同提供中介服务，并按约定收取佣金的经纪人。直接保险经纪人可分为寿险经纪人和非寿险经纪人。而再保险经纪人是指保险经纪机构与原保险公司签订委托合同，基于原保险公司的利益，为原保险公司与再保险公司安排分保业务提供中介服务，并按约定收取佣金的经纪人。再保险经纪人是介于原保险人与再保险人之间的中间人。

3. 保险经纪人的性质及功能作用

我国法律规定，保险经纪人是基于投保人的利益，为投保人与保险人订立保险合同提供中介服务，并依法收取佣金的机构。他与投保人是居间关系，不是投保人的代理人，保险合同仍由投保人自己与保险人订立。保险经纪人在办理保险经纪业务过程中，因其过错而给投保人、被保险人造成损失时，要承担由此引

①2014 年保险中介市场情况分析 [EB/OL]. 中国产业信息网，2016 - 01 - 04 [2016 - 01 - 04]. http://www.chyxx.com/industry/201601/375038.html

起的赔偿责任。综上分析介绍可见，保险经纪人的性质是，专门为投保方提供风险管理及保险技术服务的重要提供者和参与方。

保险经纪人诞生之初，其主要功能作用是，为投保方选择适合的保险公司与保险险种，代理保险索赔等。而在现代社会，保险经纪人提供的服务不断创新和拓展，不仅提供以上各种服务，还提供日常的防灾防损、保险理财咨询、信息提供、风险识别、评估与管理等综合性中介服务。保险经纪人的报酬一般由保险公司承担，投保人一般不用负担，可以说是无偿享受这些服务。

4. 大学生风险管理需要保险经纪人的参与

综上分析可见，保险经纪人一般是无偿为投保人提供保险服务、理财咨询、日常的防灾防损、风险识别、评估与管理等综合性专业技术服务的中介机构。可以说，高校学生风险管理有了保险经纪人的积极参与，不仅会壮大风险管理队伍力量，提高专业技术水平，也会提高风险管理能力和效果。所以说，高校学生风险管理需要保险经纪人的全面参与。

第三章

广西高校学生风险及管理现状调研分析

本章阐述了大学生风险调查问卷的主要目的，通过设计和实施专业调查问卷，对广西高校学生风险及其管理状况与问题，进行深入调查和统计分析。

一、调查问卷的主要目的

本项目的大学生风险调研，采用了调查问卷形式。其主要的目的是，深入了解广西高校学生的风险及其管理状况、大学生发生风险事故的深层原因，并根据调查的结果，提出针对性政策建议，设计一套《广西大学生风险防范及应急预案》。

二、调查问卷的基本情况介绍

本次大学生风险调查，主要集中在广西的本科院校及大专院校的大学生群体。此次调查中，一共发放了547份问卷，实际回收了524份，回收率为95.8%；有效问卷为515份，有效率为98.28%。其中，参与的男生为224人，占总体的43.5%，参与的女生为291人，占总体的56.5%。调查对象的年级分布状况如表3-1所示：

表3-1　调查对象的年级分布情况

年级	小计	比例
大一	112	21.75%
大二	80	15.53%
大三	123	23.88%
大四	84	16.31%
研究生	116	22.52%
合计	515	100%

注：因分布比例由四舍五入保留两位小数所得，各分项占比之和存在±0.01%的误差。

数据来源：根据作者公开调研数据统计整理。

三、调查问卷的描述性分析

（一）广西高校学生发生风险事故的频率

此次调查中，有52.23%的被调查同学认为，广西高校学生发生风险事故的频率处于一般水平；21.17% 的被调查同学认为，广西高校学生较为频繁地发生风险事故；19.61% 的被调查同学认为，广西高校学生很少发生风险事故；5.83% 的被调查同学认为，广西高校学生频繁发生风险事故；仅有 1.17% 的被调查同学认为，广西高校学生发生风险事故的频率为零（如图 3 - 1）。

总体来说，参与调查的大学生们认为，广西高校学生发生风险事故的频率处于中上水平。

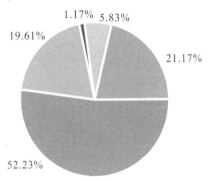

图 3 - 1　广西高校学生发生风险事故频率的调查结果

注：因选项占比由四舍五入保留两位小数所得，故各选项的百分比之和不等于 100.00%。

数据来源：根据作者公开调研数据统计整理。

（二）高校学生风险管理体系或风险应急机制如何

此次调查中，71.65% 的被调查同学认为，高校学生风险管理体系或风险应急机制一般；17.67% 的被调查同学认为，高校学生风险管理体系或风险应急机制差；7.57% 的被调查同学认为，大学生风险管理体系或风险应急机制比较好；1.75% 的被调查同学认为很差；仅有 1.36% 的被调查同学认为，风险管理体系或风险应急机制很好（如图 3 - 2）。

总体来说，广西高校的学生认为，高等学校的风险管理体系或风险应急机制一般。

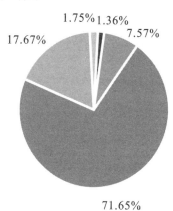

1.75% 1.36%
7.57%
17.67%
71.65%

■很好 ■好 ■一般 ■差 ■很差

图 3 - 2　高校学生风险管理体系或风险应急机制建设水平的调查结果

数据来源：根据作者公开调研数据统计整理。

（三）学校对大学生风险管理工作的重视程度

此次调查中，有 57.67% 被调查同学认为，学校对大学生风险管理工作的重视程度为一般；27.38% 的被调查同学认为，学校重视大学生的风险管理工作；7.77% 的被调查同学认为，学校不重视大学生的风险管理工作；3.11% 的被调查同学认为，对学校的大学生风险管理工作不了解；仅有 4.08% 的被调查同学认为，学校对大学生风险管理工作非常重视（如图 3 - 3）。

总体来说，被调查的大学生认为，学校对学生风险管理工作的重视程度为中等水平。

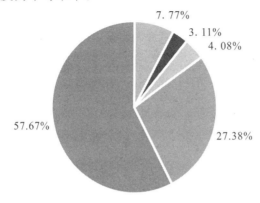

■非常重视 ■重视 ■一般 ■不重视 ■不知道

图 3 - 3　高校风险管理工作重视程度的调查结果

注：因选项占比由四舍五入保留两位小数所得，故各选项的百分比之和不等于 100.00%。

数据来源：根据作者公开调研数据统计整理。

（四）自身风险意识

此次调查中，有 47.57% 的被调查同学认为，自身的风险意识一般；有 42.52% 的被调查同学认为，自身的风险意识高；6.21% 的被调查同学认为，自身的风险意识很高；认为自身风险意识弱的人仅占 2.91%；0.78% 的被调查同学不知道自身的风险意识怎样（如图 3 - 4）。广西高校学生的自身风险意识形成了两个分水岭，即一般水平和高水平。

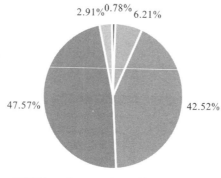

很高　高　一般　弱　不知道

图3-4　自身风险意识的调查结果

注：因选项占比由四舍五入保留两位小数所得，故各选项的百分比之和不等于100.00%。

数据来源：根据作者公开调研数据统计整理。

（五）大学生遭遇风险事故的社会层面原因

此题为多选题。此次调查中，有379名被调查同学认为，社会对大学生安全问题的关注度低是造成大学生遭遇风险事故的主要社会原因；其次分别是社会不良风气、信息网络监管不力和相关法律制度不完善的影响（如图3-5）。

单位：人

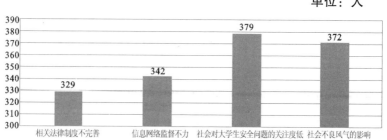

图3-5　大学生遭遇风险事故的主要原因调查结果

数据来源：根据作者公开调研数据统计整理。

（六）大学生遭遇风险事故的学校层面原因

此题为多选题。此次调查中，有 420 名被调查同学认为，广西高校缺乏风险预防与应对机制，这是造成大学生风险事故频发的主要原因；367 被调查同学认为，高校的日常风险宣传教育流于形式；344 名被调查同学认为，高校风险管理制度不完善；284 名被调查同学认为，高校的风险转移意识比较薄弱（如图 3－6）。

单位：人

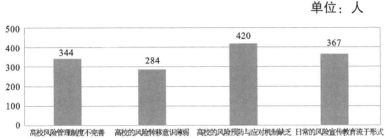

图 3－6　大学生遭遇风险事故的学校层面原因调查结果

数据来源：根据作者公开调研数据统计整理。

（七）大学生遭遇风险事故的自身原因

此题为多选题。参与调研的大部分人认为，大学生的自控能力不强、风险意识薄弱，是造成其风险事故频发的主要原因。

此次调查中，有 359 名被调查同学认为，造成风险事故的原因是大学生自身的心理调节能力弱；有 220 人、232 人和 254 人分别认为人际关系不和谐、偏爱刺激冒险、不健全的人生观与价值观，也是造成大学生风险事故频发的原因（如图 3－7）。

单位：人

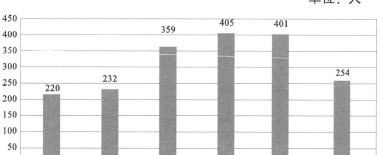

图3-7 大学生遭遇风险事故自身原因调查结果

数据来源：根据作者公开调研数据统计整理。

（八）大学生面临的主要风险类型

通过对广西高校的大学生的调研分析可知，他们认为高校学生面临的主要风险类型有人身风险、财产风险、信用风险、责任风险和其他风险。具体情况如图3-8所示：

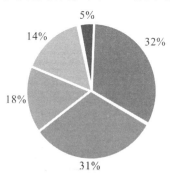

■人身风险 ■财产风险 ■信用风险 ■责任风险 ■其他

图3-8 大学生面临风险的类型

数据来源：根据作者公开调研数据统计整理。

（九）高校学生风险管理中存在的问题

关于大学生风险管理中存在问题的调查选项为多选。在回收的 515 份调查问卷中，有 337 名被调查同学认为，高校学生风险管理水平参差不齐；305 被调查同学认为是风险管理缺乏系统的研究指导；有 320 名被调查同学认为，风险管理方式方法落后，有待创新；213 被调查同学认为，大学生的风险管理没有社会力量的参与（如图 3-9）。

单位：人

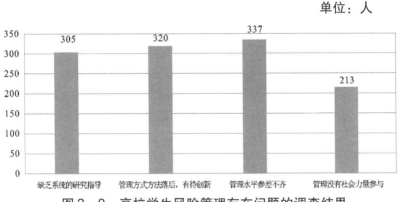

图 3-9　高校学生风险管理存在问题的调查结果

数据来源：根据作者公开调研数据统计整理。

（十）高校及大学生的保险意识

根据以下的调查结果可以看到，高校与大学生的保险意识不强。

调查数据显示，22.33% 的大学生有购买保险转移风险的意识，41.55% 的大学生偶尔有购买保险转移风险的意识，没有购买保险转移风险意识的大学生达到了 36.12%（如图 3-10）。这说明校园保险的宣传不深入、工作力度不足，一些大学生并没有形成通过购买保险转移自身风险的意识。

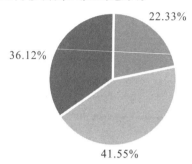

22.33%

36.12%

41.55%

■有 ■偶尔有 ■没有

图 3 - 10　大学生购买保险转移风险意识的调查结果

数据来源：根据作者公开调研数据统计整理。

在此次问卷调查中，绝大部分被调查同学只听说过少量关于校园保险的保障范围信息，完全不了解的被调查同学占了24.2%，比较了解的被调查同学占了13.79%，很了解的被调查同学仅占了1.36%（如图 3 - 11）。这表明，大学生入学前购买相应的保险时，没有向保险公司询问相应险种的保障范围等信息，自己也没有主动去了解相关知识，学校对此的重视程度也不够。

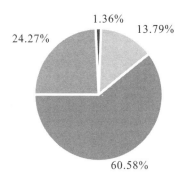

■很了解　■比较了解　■听说过一点　■完全不了解

图 3 - 11　校园保险保障范围了解程度的调查结果

数据来源：根据作者公开调研数据统计整理。

关于大学生或高校不投保校园保险原因调查选项为多选。调查结果显示，有 388 名被调查同学认为，事故率太低是大学生或者学校不投保校园保险的主要原因；313 名被调查同学认为理赔手续太烦琐是重要的影响因素；有 147 人、149 人、106 人分别认为保险是骗人的、赔偿金额过低和其他因素，也是造成大学生或者学校不购买校园保险的原因（如图 3 - 12）。

单位：人

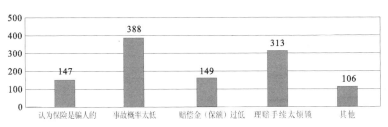

图 3 - 12　大学生或高校不投保校园保险原因的调查结果

数据来源：根据作者公开调研数据统计整理。

（十一） 对保险经纪人的认知情况

通过调查可知，广西高校学生对保险经纪人的认知情况为，有 45.05% 的被调查同学不清楚保险经纪人的作用，有 31.07% 的被调查同学没有听说过保险经纪人，仅有 23.88% 的被调查同学知道保险经纪人及其作用（如图 3 – 13）。

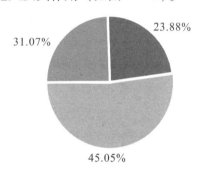

23.88%

31.07%

45.05%

■知道 ■不太清楚 ■没听说过

图 3 – 13 保险经纪人的认知调查结果

数据来源：根据作者公开调研数据统计整理。

由此可见，了解保险经纪人及其作用的学生很少，还不足四分之一；大多数学生都不知道、不了解保险经纪人，因此需要进一步加强沟通和宣传保险经纪人。

第四章

广西高校学生风险预警分析
——基于模糊层次综合评价分析法

本章通过专家咨询、问卷调查、统计分析等方式，采用模糊层次综合评价分析法，对广西高校学生风险进行了预警分析，进而得出了相应研究结论。

一、高校学生风险因素指标分析

目前，国内的众多学者主要从学校的突发事件的角度，对大学生产生风险事故的因素进行了分析，主要代表作者及其文献的要点总结归纳如表 4-1：

表4-1　国内主要学者及其学术观点

作者	主要学术观点
何思	总结出大学生风险事件的诱因：学生自身问题、学校管理问题和社会问题。其中学生自身问题包括心理、身体和观念三个问题；心理问题包括情感、人际关系、环境适应力等问题；观念问题主要包括诚信与拜金主义等问题。学校管理问题包括学习管理问题、活动管理问题、食堂管理问题、治安管理问题。其中治安管理问题包括交通安全管理、校园周边环境等问题。社会问题主要包括自然环境问题、经济问题、政治问题和文化问题
聂仁东、高永新	主要从学校内部管理的角度进行了分析，选取的因素有对学生进行的思想政治教育、安全稳定教育、诚信教育等
李明等	引发突发事件的因素主要包括政治因素、社会因素、管理因素和其他因素；其中社会因素主要涉及社会舆论和媒体宣传、社会热点难点问题和矛盾因素等。管理因素主要包含学校自我管理能力因素等。其他因素由学生间相处或学生同其他方面发生的矛盾等构成
顾剑华、石奎	引发高校危机事件的因素主要有学生因素、教师因素、学校管理因素和学校外部因素。其中，学生因素主要包括学生的心理不健全与人际关系不佳等。学校管理因素包括校风不正、行政管理效率低下等。学校外部因素主要包括大环境的改变、不法分子的蓄意破坏、外力入侵等
王鑫明	对高校危机的成因进行分析，认为制度及法治体系的不健全、学校管理体制的疏漏、危机及生命意识教育的缺失、群落效应及个别效应这四个方面共同影响并产生了高校危机

续表

作者	主要学术观点
邓清	把影响高校学生突发事件的产生的因素划分为社会政治问题、学校管理问题、学生问题三大类。其中，社会政治问题包括国内外重大事件、社会热点问题及矛盾、网络媒体的不良信息、校园周边环境问题；学校管理问题主要包括校园安全管理问题等；学生问题主要包括环境适应力问题、心理问题、人际关系问题、精神压力问题、安全意识问题等
潘彤光	将高校校园安全风险因素分为微观、中观及宏观三个方面的因素。其中，微观因素主要指学生自身因素，包括社会经验不足、缺乏理性的头脑、缺乏辨别是非的能力以及自我保护意识、心理问题等；中观因素主要指学校及家庭因素，包括学校安全防范与心理教育工作不到位、家庭人员对学生的骄纵；宏观因素主要包括社会问题、社会矛盾、不法分子入侵校园及食品安全问题等

数据来源：作者收集整理。

结合众多学者的研究分析、笔者之前的调研结果及笔者从事的专业研究领域，本文认为，造成大学生风险事故的重要诱因包括社会因素、学校因素及学生因素。其中，社会因素主要由相关法律制度问题、社会不良风气问题、信息网络监管问题、保险经纪人缺位问题构成。选取保险经纪人缺位问题来进一步分析，原因是保险经纪人在校园保险中发挥着越来越重要的作用，他们需要参与到学校的风险管理中，扮演着风险管理制度制定和监督的角色。学校因素主要包括高校风险管理制度问题、高校的风险转移意识问题、风险预防与应对机制问题、风险宣传教育问题。学生因素主要包括人际关系问题、风险意识问题、心理调节能力问题、人生观与价值观问题。

综上总结，可以构建图 4 - 1 我国高校学生风险成因指标体系。

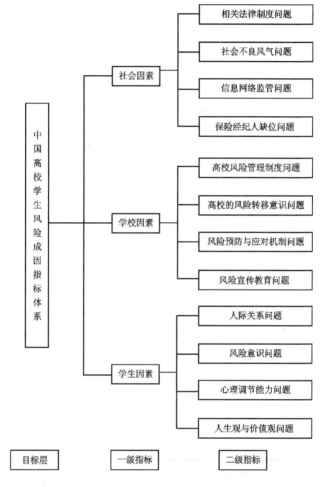

图 4 - 1　中国高校学生风险成因指标体系

二、调查问卷的描述性分析

项目调研小组采用 SPSS20.0 统计软件，对此次的调查问卷进行了统计分析，可靠性统计量基于标准化项的克朗巴哈系数（Cronbach's alpha）为 0.719，表示可信度为可接受，说明此调查问卷可以采用，不需要再修改。

（一）学生问卷调查对象的基本情况

这里的问卷调查对象是广西大学的学生，共发放了 523 份问卷，回收了 510 份，有效问卷 506 份，样本的基本资料归纳如下表 4-2、表 4-3：

表 4-2　样本的分布情况

基本资料	类别	人数小计	所占百分比
性别	男	230	45.45%
	女	276	54.55%
专业领域	文史类	93	18.38%
	经管类	111	21.94%
	理工类及其他	302	59.68%
在校学历	本科生	411	81.23%
	研究生	95	18.77%
是否为学生干部	是	254	50.2%
	否	252	49.8%

数据来源：根据作者公开调研数据统计整理。

表4-3 样本的得分情况

指标类型	均值	标准差	极小值	极大值
相关法律制度问题	3.04	0.858	1	5
信息网络监管问题	3.02	0.820	1	5
社会不良风气问题	3.16	0.974	1	5
保险经纪人缺位问题	3.91	0.955	1	5
高校风险管理制度	2.72	0.780	1	5
高校的风险转移意识问题	2.77	0.794	1	5
高校风险预防与应对机制问题	2.78	0.749	1	5
高校风险宣传教育问题	2.87	0.719	1	5
人际关系问题	1.96	0.547	1	4
风险意识问题	2.72	0.727	1	5
心理调节能力问题	2.30	0.689	1	5
人生观与价值观问题	3.31	1.184	1	5
总分	27.59	14.166	0	46

数据来源：根据作者公开调研数据统计整理。

在此处的问卷设计中，除了人生观与价值观问题和社会不良风气问题为负指标外，其他都为正指标。正指标得分越高代表越严重，负指标得分越高代表越不严重。其中，保险经纪人缺位问题平均得分最高，为3.91，表明很多大学生对保险经纪人的服务作用不了解程度高；其次为相关法律制度问题、信息网络监管问题；在学校因素中，四个问题的得分较接近2.7分，表明四个问题的严重程度较为一致；风险意识问题得分则是学生因素中被认为影响最高的。

（二）专家问卷调查对象的基本情况

相关专家的调查问卷，共发放和收集了13份问卷。填写专家调查问卷的有 13 位专家，有从事大学教育工作多年的老师、广西保险学会的领导、负责校方责任险的保险公司人员，以及提供校方责任险服务的保险经纪公司的领导和员工。

三、模糊层次综合评价的实现

（一）层次指标说明

这里结合了模糊层次分析法与模糊综合评价分析法，采用矩阵及数学软件（MATLAB）等软件，对相关数据进行了系统处理。

建立评级域值集 V = ｛V1，V2，V3，V4，V5｝，V1 到 V5 分别代表着风险状况不严重、较低、中等、较严重、很严重；分别赋值 0.1，0.3，0.5，0.7，0.9，代表着各因素得分越高越容易发生风险事故，分数越低越不容易发生风险事故；目标层评价因素论域指标 A = ｛B1，B2，B3｝，B1 代表社会因素，B2 代表学校因素，B3 代表学生因素。建立二级评价因素要素论域指标 B1 = ｛C1，C2，C3，C4｝，B2 = ｛C5，C6，C7，C8｝，B3 = ｛C9，C10，C11，C12｝，其中 C1 到 C12 分别代表着人际关系问题、风险意识问题、心理调节能力问题、人生观与价值观问题、高校风险管理制度问题、高校的风险转移意识问题、高校风险预防与应对机制问题、高校风险宣传教育问题、相关法律制度问题、信息网络监管问题、社会不良风气问题、保险经纪服务缺位问题。各层级下的元素两两比较矩阵，可分别表示为：

A = （B1　B2　B3）表示 A 层下的三个元素 B1，B2，B3 之间的两两比较矩阵；

B1 =（C1 C2 C3 C4）表示 B1 层下的三个元 C1，C2，C3，C4 之间的两两比较矩阵；

B2 =（C5 C6 C7 C8）表示 B2 层下的三个元素 C5，C6，C7，C8 之间的两两比较阵；

B3 =（C9 C10 C11 C12）表示 B2 层下的三个元素 C9，C10，C11，C12 之间的两两比较阵。

（二）专家模糊一致性矩阵

这里的专家调查问卷，采用的是 0.1－0.9 模糊判断尺度，具体说明如下：

表 4－4 0.1－0.9 模糊尺度说明

尺度（aij）	比较程度	说明
0.1	极端不重要	i 比 j 极端不重要
0.2	不重要得多	i 比 j 不重要得多
0.3	明显不重要	i 明显比 j 不重要
0.4	稍微不重要	i 稍微比 j 不重要
0.5	同等重要	i 和 j 同等重要
0.6	稍微重要	i 稍微比 j 重要
0.7	明显重要	i 明显比 j 重要
0.8	重要得多	i 比 j 重要得多
0.9	极端重要	i 比 j 极端重要

数据来源：根据作者公开调研数据统计整理。

说明：0.15，0.25，0.35，0.45，0.55，0.65，0.75，0.85 表示第 i 个因素相对第 j 个因素的影响介于两个相邻等级之间。

根据 13 位专家填写的原始问卷，得到的两两判断矩阵，转化后得到加权模糊互补判断矩阵：

$$A = \begin{pmatrix} 0.5000 & 0.5808 & 0.5577 \\ 0.4192 & 0.5000 & 0.4962 \\ 0.4423 & 0.5038 & 0.5000 \end{pmatrix}$$

$$B1 = \begin{pmatrix} 0.5000 & 0.5577 & 0.5962 & 0.6346 \\ 0.4423 & 0.5000 & 0.6192 & 0.6115 \\ 0.4038 & 0.3808 & 0.5000 & 0.6231 \\ 0.3654 & 0.3885 & 0.3769 & 0.5000 \end{pmatrix}$$

$$B2 = \begin{pmatrix} 0.5000 & 0.5308 & 0.5577 & 0.5692 \\ 0.4692 & 0.5000 & 0.6077 & 0.5731 \\ 0.4423 & 0.3923 & 0.5000 & 0.5808 \\ 0.4308 & 0.4269 & 0.4192 & 0.5000 \end{pmatrix}$$

$$B3 = \begin{pmatrix} 0.5000 & 0.4731 & 0.5385 & 0.4577 \\ 0.5269 & 0.5000 & 0.5385 & 0.5192 \\ 0.4615 & 0.4615 & 0.5000 & 0.5731 \\ 0.5423 & 0.4808 & 0.4269 & 0.5000 \end{pmatrix}$$

依据模糊一致性互补判断矩阵的转化 $bij = \dfrac{r_i - r_j}{2n(n-1)} + 0.5$

公式，可得 13 位专家的加权模糊一致性互补判断矩阵：

$$R_A = \begin{pmatrix} 0.5000 & 0.5558 & 0.5481 \\ 0.4442 & 0.5000 & 0.4923 \\ 0.4519 & 0.5077 & 0.5000 \end{pmatrix}$$

$$R_{B1} = \begin{pmatrix} 0.5000 & 0.5192 & 0.5635 & 0.6096 \\ 0.4808 & 0.5000 & 0.5442 & 0.5904 \\ 0.4365 & 0.4558 & 0.5000 & 0.5462 \\ 0.3904 & 0.4096 & 0.4538 & 0.5000 \end{pmatrix}$$

$$R_{B2} = \begin{pmatrix} 0.5000 & 0.5192 & 0.5635 & 0.6096 \\ 0.4808 & 0.5000 & 0.5442 & 0.5904 \\ 0.4365 & 0.4558 & 0.5000 & 0.5462 \\ 0.3904 & 0.4096 & 0.4538 & 0.5000 \end{pmatrix}$$

$$R_{B3} = \begin{pmatrix} 0.5000 & 0.4808 & 0.4955 & 0.5032 \\ 0.5192 & 0.5000 & 0.5147 & 0.5224 \\ 0.5045 & 0.4853 & 0.5000 & 0.5077 \\ 0.4968 & 0.4776 & 0.4923 & 0.5000 \end{pmatrix}$$

（三）层次权重向量计算

1. 层次单排序权重向量计算

本文采用排序法进行层次单排序权重向量的计算，根据排序

法公式 $Wi = \dfrac{2\sum_{k=1}^{n} r_{ik} - 1}{n \ (n-1)}$，可得如下层次单排序权重向量：

$W_A = (W_{B1}^A \ W_{B2}^A \ W_{B3}^A) = (0.3679 \ 0.3122 \ 0.3199)$

$W_{B1} = (W_{C1}^{B1} \ W_{C2}^{B1} \ W_{C3}^{B1} \ W_{C4}^{B1}) = (0.2981 \ 0.2788 \ 0.2346 \ 0.1885)$

$W_{B2} = (W_{C5}^{B2} \ W_{C6}^{B2} \ W_{C7}^{B2} \ W_{C8}^{B2}) = (0.2763 \ 0.2750 \ 0.2359 \ 0.2128)$

$W_{B3} = (W_{C9}^{B3} \ W_{C10}^{B3} \ W_{C11}^{B3} \ W_{C12}^{B3}) = (0.2449 \ 0.2641 \ 0.2494 \ 0.2417)$

2. 层次总排序向量

根据公式 $cj = \sum_{i=1}^{m} b_i c_j^i$ （j＝1，2，…，n），可得层次总排序向

量：

$W_C^A = (W_{C1}^A \ W_{C2}^A \ W_{C3}^A \ W_{C4}^A \ W_{C5}^A \ W_{C6}^A \ W_{C7}^A \ W_{C8}^A \ W_{C9}^A \ W_{C10}^A \ W_{C11}^A \ W_{C12}^A) =$

$(0.1097 \ 0.1026 \ 0.0863 \ 0.0693 \ 0.0862 \ 0.0858 \ 0.0736 \ 0.0664$

$0.0783 \ 0.0845 \ 0.0798 \ 0.0773)$

结果分析：从层次单排序向量的计算结果可以总结出，目标层下的三个因素的层次单排序为：$W_{B1}^A > W_{B3}^A > W_{B2}^A$，可知社会因素的权重是最大的，为 0.3679。专家们认为，社会因素是造成学生风险事故发生的主要原因。由于网络的普及和学生的交际圈的外拓，学生接触到社会上形形色色的人和广泛的信息，导致学生受社会因素的影响较大；其次为学生因素、学校因素，两者的影响程度相近。

社会因素的下层元素的层次单排序为：$W_{C1}^{B1} > W_{C2}^{B1} > W_{C3}^{B1} > W_{C4}^{B1}$，表明相关法律制度问题是导致大学生风险事件产生的主要因素；其次为信息网络监管、社会不良风气、保险经纪人缺位等问题。参与调研的专家们认为，保险经纪人缺位问题影响程度较小的原因是，保险经纪人提供风险管理服务的作用还不为大众所熟知。

学校因素的下层元素的层次单排序为：$W_{C5}^{B2} > W_{C6}^{B2} > W_{C7}^{B2} > W_{C8}^{B2}$，表明高校风险管理制度问题是造成大学生风险事故的主要原因。高校风险管理制度是大学生风险管理的基础，只有建立一套完整的风险管理制度，高校才能落实方方面面的相关工作；其次为高校的风险转移意识问题、高校风险预防与应对机制问题、高校风险宣传教育问题。

学生因素的下层因素的层次单排序为：$W_{C9}^{B3} > W_{C10}^{B3} > W_{C11}^{B3} > W_{C12}^{B3}$，人际关系问题是主要影响因素，风险意识问题、心理调节能力问题、人生观与价值观问题四个方面的影响程度相当，都接近 0.24。总体而言，四个方面因素的得分相差不大，都是造成大学生风险的重要因素。

目标层下的底层元素排序为：$W_{C1}^A > W_{C2}^A > W_{C3}^A > W_{C5}^A > W_{C6}^A >$

$W_{C10}^A > W_{C11}^A > W_{C9}^A > W_{C12}^A > W_{C7}^A > W_{C4}^A > W_{C8}^A$。该排序表示，造成大学生风险事故的影响程度的大小为：相关法律制度问题、信息网络监管问题、社会不良风气问题、高校风险管理制度问题、高校的风险转移意识问题、风险意识问题、心理调节能力问题、人际关系问题、人生观与价值观问题、高校风险预防与应对机制问题、保险经纪人服务缺位问题、高校风险宣传教育问题。

(四) 模糊评级矩阵的建立

根据大学生调查问卷的初始数据整理，得出二级评价指标的等级测度值分布如表4-5所示：

表4-5　二级指标的等级测度值

二级指标	评价等级				
	不严重(1)	较低(2)	中等(3)	较严重(4)	很严重(5)
相关法律制度问题	0.020	0.253	0.429	0.263	0.036
信息网络监管问题	0.026	0.221	0.488	0.237	0.028
社会不良风气问题	0.055	0.348	0.354	0.19	0.053
保险经纪人缺位问题	0.026	0.069	0.144	0.494	0.267
高校风险管理制度问题	0.030	0.374	0.472	0.101	0.024
高校的风险转移意识问题	0.047	0.298	0.498	0.144	0.012
风险预防与应对机制问题	0.030	0.310	0.518	0.130	0.012
高校风险宣传教育问题	0.026	0.245	0.573	0.146	0.010
人际关系问题	0.166	0.711	0.119	0.004	0
风险意识问题	0.040	0.320	0.530	0.105	0.006
心理调节能力问题	0.093	0.547	0.336	0.016	0.008
人生观与价值观问题	0.198	0.269	0.213	0.283	0.038

数据来源：根据作者公开调研数据统计整理。

结合表4-4的数据，建立二级指标因素模糊评价矩阵：

$$R_1 = \begin{pmatrix} 0.020 & 0.253 & 0.429 & 0.263 & 0.036 \\ 0.026 & 0.221 & 0.488 & 0.237 & 0.028 \\ 0.055 & 0.348 & 0.354 & 0.190 & 0.053 \\ 0.026 & 0.069 & 0.144 & 0.494 & 0.267 \end{pmatrix}$$

$$R_2 = \begin{pmatrix} 0.030 & 0.374 & 0.472 & 0.101 & 0.024 \\ 0.047 & 0.298 & 0.498 & 0.144 & 0.012 \\ 0.030 & 0.310 & 0.518 & 0.130 & 0.012 \\ 0.026 & 0.245 & 0.573 & 0.146 & 0.010 \end{pmatrix}$$

$$R_3 = \begin{pmatrix} 0.166 & 0.711 & 0.119 & 0.004 & 0 \\ 0.040 & 0.320 & 0.530 & 0.105 & 0.006 \\ 0.093 & 0.547 & 0.336 & 0.016 & 0.008 \\ 0.198 & 0.269 & 0.213 & 0.283 & 0.038 \end{pmatrix}$$

结合上一节得到的层次单排序权重向量 W_{B1}，W_{B2}，W_{B3}，得到一级指标因素模糊评价矩阵：

$$R = \begin{pmatrix} 0.0310 & 0.2317 & 0.3741 & 0.2627 & 0.0813 \\ 0.0338 & 0.3106 & 0.5115 & 0.1292 & 0.0149 \\ 0.1223 & 0.4601 & 0.3044 & 0.1011 & 0.0128 \end{pmatrix}$$

（五）模糊综合评价的实现

1. 二级指标的模糊综合评价

根据上文得到的模糊评价矩阵 R1，R2，R3 与评价等级集 V，可得出二级指标的模糊综合评价预警值：保险经纪人缺位问题的综合评价值为 0.6814，得分最高，处于"较严重"和"中等"之间，表明保险经纪人在广西大学中发挥的作用不强，并且没有参与到学校的风险管理当中，所以不为许多人了解。

其次为相关法律制度，综合评价值为 0.5089，信息网络监管，综合评价值为 0.5040，两者都接近"中等状态"0.5，说明广西大学学生认为，相关法律制度和信息网络监管还是存在一定的问题，相关部门应该引起注意。

风险宣传教育问题、社会不良风气问题、高校风险预防与应对机制问题、高校的风险转移意识问题、风险意识问题、高校风险管理制度问题、人生观与价值观综合评价值分别为：0.4738、0.4676、0.4568、0.4547、0.4439、0.4435、0.4393，处于"较低"与"中等"之间，偏向于"中等状态"。学校管理者应该引起注意，对相关问题进行分析，以防引发风险事故。

得分最低的两个指标为人际关系问题、心理调节能力问题，分别为 0.2922、0.3598。这表明广西大学的学生之间相处比较融洽，心理调节能力较好，这得益于该校一直开设的心理咨询中心和公共课程《大学生心理健康教育》，对学生起到了一定的帮助作用。而且该校属于广西区内的重点高校，大学生的综合素质较其他学校要高。

表 4-6　二级指标模糊综合评价值结果

二级指标	评价结果
相关法律制度问题	0.5089
信息网络监管问题	0.5040
社会不良风气问题	0.4676
保险经纪人缺位问题	0.6814
高校风险管理制度问题	0.4435
高校的风险转移意识问题	0.4547
风险预防与应对机制问题	0.4568

续表

二级指标	评价结果
风险宣传教育问题	0.4738
人际关系问题	0.2922
风险意识问题	0.4439
心理调节能力问题	0.3598
人生观与价值观问题	0.4393

数据来源：根据作者公开调研数据统计整理。

2. 一级指标的模糊综合评价

根据上文求得的一级模糊评价矩阵 R 与评价等级域值集 V，可得二级指标的综合评价预警值：社会因素综合评价值 0.5304，学校因素的评价值为 0.4562，学生因素的评价值为 0.3847。其中，社会因素的评价值最高，处于"较严重"和"中等"之间，偏向"中等"，社会因素有必要引起相关部门的关注，防范社会不良因素引发的大学生风险事故；其次，学校也要注意本校存在的问题对学生人身安全的影响。

表 4-7　二级指标模糊综合评价值结果

一级指标	评价值
社会因素	0.5304
学校因素	0.4562
学生因素	0.3847

数据来源：根据作者公开调研数据统计整理。

3. 目标层的模糊综合评价

结合上文的层次单排序权重向量与一级模糊评价矩阵 R，可得模糊综合评价结果向量：

$$S = \quad (0.0611 \quad 0.3294 \quad 0.3947 \quad 0.1768 \quad 0.0386)$$

结果显示，广西大学学生风险状况隶属评价很好的评价等级测度为 0.0611，"很好"评价等级测度为 0.3294，"中等"评价等级测度为 0.3947，"较严重"评价等级测度为 0.1765，"很严重"评价等级测度为 0.0386；根据最大隶属度原则，广西大学学生的风险状况处于中等状态。

根据模糊综合评价结果向量 S 与评价等级域值集 V，可得最终的目标层的评价值为：H = 0.4606。表明广西大学学生的风险预警值为 0.4606，接近中等状态，学生发生风险事故的可能性不大。

（六）分析结论

（1）社会因素对大学生风险事故造成的影响最大，学生及学校因素对学生风险事故的影响程度相近。

模糊层次分析法得出的各因素的权重结果表明，专家们普遍认为，社会因素对大学生风险事故造成的影响是最大的，学生因素与学校因素两者对学生风险事故的影响程度相近。在社会因素的二级指标因素中，专家们认为，相关法律制度问题是导致学生风险事件产生的主要因素；其次为信息网络监管、社会不良风气、保险经纪人缺位问题。在学校因素的二级指标因素中，对学生风险事故产生的影响最大的是高校风险管理制度问题。再次为高校的风险转移意识问题、高校风险预防与应对机制问题、高校风险宣传教育问题。在学生因素中，人际关系、风险意识、心理调节能力、人生观与价值观四个方面引发学生风险事故的严重程度是大致相当的。

（2）广西大学的学生风险事故预警值偏向中等，发生风险事故的概率不大。

模糊综合评价分析得出的结果表明，广西大学的学生风险事故预警值为0.4606，介于"较低"和"中等"之间，偏向中等，学生发生风险事故的概率不大。各因素的综合评价结果显示：保险经纪人缺位问题综合评价值为0.6814，得分最高，这显示了保险经纪人未积极参与到学生风险管理中，保险经纪人应正视自己的职责，为高等学校及大学生提供一定的专业技术服务，充分发挥自身的风险管理优势；相关法律制度问题和信息网络监管问题的综合评价值都接近0.5，处于中等状态，相关部门要做好改善制度及预防风险的工作。

另外，风险宣传教育问题、社会不良风气问题、高校风险预防与应对机制问题、高校的风险转移意识问题、风险意识问题、高校风险管理制度问题、人生观与价值观问题、人际关系问题、心理调节能力问题，都处于"较低"与"中等"之间，偏向于"中等状态"，高校风险管理者应该引起注意，对具体问题进行深入分析，以防引发不必要的风险事故。

第五章

高校学生风险管理存在问题及险源分析

本章基于前期实践调研和观察，对高校学生风险及其类型、风险管理现状与存在问题进行了深入分析，并从社会、高校、学生及保险经纪人四个方面，指出了全国（广西）高校学生风险事故发生的根源。

一、高校学生风险及其类型分析

（一）高校学生风险事故的发生，严重威胁大学生的生命安全

近年来，全国高校的大学生风险事故频发，事故种类不断翻新，触目惊心的风险事故案件造成了重大社会影响。例如，1994 年清华大学发生的"铊"投毒案、2004 年云

南的马加爵恶性杀人事件，2013 年复旦大学发生的投毒案等，都引起了社会以及教育主管部门的高度关注。而今，高校相关事故的负面消息报道屡见于报端和各种媒体上，恶性案件不仅造成巨大损失，而且严重威胁到了大学生的生命安全和平安校园建设。接连发生的众多大学生风险事故，让人扼腕叹息，表明了大学生的安全受到了极大的威胁，相关方亟须对大学生风险及其成因进行分析，并对其风险进行全面系统地科学管理。

（二）高校学生面临的风险的分类

基于我们的实践调研和观察，高校学生面临的风险，主要包括人身风险、财产风险、责任风险、信用风险和其他风险五种类型。

1. 人身风险

人身风险是指人们因生、老、病、死、伤、残等原因而遭受损失的风险①。人身安全是人们得以生存与活动的重要条件。随着高校办学规模的不断扩大，大学生人数的迅速增多；各种思想的融合碰撞，使得大学生思想更加活跃；社会活动的增加使得其活动交际范围变得更广，形成了校内外多元化的交际圈。由于校内外各种因素的共同影响，高校学生的人身安全问题也日渐凸显。校园里面不时会有宿舍或者教学楼发生火灾、食物中毒、学生坠楼、打架斗殴，甚至有人失去生命等的恶性事件发生。接连发生的各种意外事故表明，大学生的人身安全问题已经受到了严重威胁，其面临人身风险的程度很高。

---

①唐金成. 现代保险学 ［M］. 长沙：中南大学出版社，2015.

2．财产风险

财产风险是指导致一切有形财产损毁、灭失或贬值的风险[1]。随着生活水平的提高，在校大学生基本上都会拥有一些贵重物品，如手机和电脑等，或随身携带着一定数额的钱财。由于各种因素的影响，大学生遭遇了很多人为的财产损失风险，使得大学生的财产受到了很大威胁。其主要类型有以下四种：

（1）财务欺诈。如来自同学的恶意借贷、传销、集资跑路等。

（2）电信诈骗。如各类通过在电话中编造借口、伪造证件而进行的诈骗，甚至在诈骗中出现恐吓行为等。

（3）网上欺诈。如因网购账户密码泄露、掉入虚假网络招聘信息的陷阱等导致的欺诈。

（4）外来欺诈：主要是外来人员造假、抢劫、盗窃等行为。例如，2016 年某大学生遭遇电信诈骗，损失近万元。还有很多大学生陷入不良"网贷"的纠纷，无力偿还巨额的借款。

3．责任风险

责任风险是指个人或团体因行为上的疏忽或过失，造成他人的财产损失或人身伤亡，依照法律、合同或道义应承担的经济赔偿责任。大学生面临的责任风险主要集中在第三方责任风险，如医疗事故；学校运动场地、运动和娱乐设施缺陷造成的伤害；校园投毒、故意伤害行为等。另外，由于大学生无法清晰地识别网络谣言、欺骗和不当的政治言论，在毫无根据的情况下广泛地转发这些涉及不当言论的文章，无端威胁他人生命安全，破坏公物、造谣扰乱社会秩序，很容易涉嫌违反《治安条例管理》的规

---

[1]唐金成. 现代保险学［M］. 长沙：中南大学出版社，2015.

定，甚至踏上违法犯罪的道路，同时还要负起相应的行政或者法律责任。

4. 信用风险

信用风险是指在经济交往中，权利人和义务人之间因一方违约或者违法行为给对方造成经济损失的风险。大学生是一个庞大的消费群体，由于一些学生自身的经济能力与消费需求不匹配，他们便会选择分期或办理信用卡等方式来消费，但后期由于种种原因没能按时偿还利息，导致其信用受到影响，从而产生信用风险。特别是我国目前正在建立完善的信用系统机制，个人违约的信用风险一旦记录在其中，就会影响其以后的征信情况及消费贷款。还有一些向周围同学借款的学生，由于拆东墙补西墙，总借款额度过高，无法按时归还同学的钱，其诚信也会因此遭到质疑，可能导致人际关系恶化甚至发生不测事故。另外，很多高校学生申请了国家助学贷款，但由于高校毕业生就业状况及收入不确定等，也可能会造成违约风险，给签约的另一方造成经济损失，并产生个人信用风险。

5. 其他风险

其他风险包括学业风险、道德风险和心理健康风险等。

（1）学业风险，是指大学生由于受到外部的诱惑或者自身主观的某些因素，导致其挂科甚至无法按时毕业的风险。

（2）道德风险，是指由于社会不良风气的影响及大学生自身修养欠缺，导致其出现的诚信缺失、个人主义、功利主义、喜攀比好名利、损人利己等行为的风险。

（3）心理健康风险，是指大学生在日常学习生活中遭遇挫折后，由于心理素质不佳，而表现出反应过激、情绪异常、不信任等负面行为，甚至可能引发躁狂症或者抑郁症等心理或精神类疾病。

二、高校学生风险管理中存在的主要问题

基于我们的实践调研和观察，全国高校学生风险管理中存在的主要问题，可以归纳为以下四个方面。

（一）缺乏系统的大学生风险管理研究与推动

涉及大学生风险管理的既往研究，主要是以大学生创业风险管理、网贷风险管理、信用卡风险管理、体育活动的风险管理及高校危机与突发事件应急管理为主，研究领域较为分散。教育、安全管理与党建思想领域及对危机与突发事件的管理的研究也较多，而在金融经济领域里对前两个方面的研究较多，总体缺乏较为全面的系统性的大学生风险管控研究。并且，由于缺乏大学生风险数据收集系统，研究者难以运用确切的数据进行定量分析，现有的分析主要集中在定性分析方面，即运用理论与观察到的事件进行分析，分析过程往往比较笼统，缺乏相应的详细数据支撑。

（二）风险管理方式方法落后，管理模式有待创新

广西高校内部管理机构，普遍采用"一个领导、多个附属小组"的风险管理模式。该模式虽然对简单的视察、监督方面起到一定作用，但很难做到防患于未然，也难以最大限度地利用风险管理技术和人力资源优势，管理机构的作用没有得到有效发挥。另外，由于高校风险管理人员缺乏系统全面的风险管理知识与风险认知能力，无法对各种风险信息做出迅速判断和深度的理性分

析，使得风险管理的预防和处理流程无法正常进行。加之，由于风险管理的权责不明等原因，造成了分工不明确、预防工作不全面、善后事项处理不到位等一系列问题。总体而言，目前的风险管理方式方法落后，风险管理模式也亟须进行创新。

（三）高校学生风险管理水平参差不齐

由于不同高校风险管理岗位人员的风险管理知识存在很大差距，因而整个风险管理活动的效率存在一定差异，导致高校学生风险管理水平参差不齐。各高校在处理复杂的风险事故时难度很大，通常采用协商的方法来进行处理。同时，由于各地区制定的校园保险赔偿标准存在着很大差异，学校难以统一具体赔偿标准，容易产生矛盾纠纷，最终导致其风险管理水平参差不齐。

（四）大学生风险管理缺乏社会力量参与

2016 年 9 月 5 日，中国教育部国家督学在北京市"校园安全风险研讨会"上提出，校园安全风险管控需要学校与教育行政部门发挥主力军作用，更需要全社会的协同参与。这不仅涉及每个家庭的幸福及平安校园建设，更关系到整个国家和民族的未来。很多人都认为，大学生的人身安全问题应该归学校负责。但事实上，由于学校安全工作具有复杂性、整体性、持续性和繁重性等特征，仅依靠学校与教育部门的力量进行大学生风险管理是不明智的，也是不够的。因此，我们必须积极引导各种社会力量参与进来，尤其是保险经纪人的参与非常重要。

另外，以往教育部门与公安、消防、交通、治安以及卫生、地震等政府部门，协同开展丰富多样的风险防范、应急教育活动时，主要针对的是中小学生，忽视了大学生。这些社会机构进入高校，对大学生进行防灾减损知识和自救互救基本技能的普及频率低，很少直接参与大学生的日常风险管理活动，导致大学生风险管理缺乏社会力量参与，使得管理效果欠佳。

三、高校学生风险事故发生的根源分析

基于我们的实践调研、专家座谈和观察，全国高校学生风险事故发生的根源，可以从社会、高校、学生及保险经纪人四个方面进行分析。

（一）社会层面的原因

从社会层面分析，高校学生风险事故发生的原因主要有以下四个方面：

1. 相关法律制度不完善，可操作性不强

我国虽然出台了一些涉及高校安全管理方面的法律、法规和条例，如《中华人民共和国突发事件应对法》《高等学校学生行动准则（试行）》《高等学校校园秩序管理若干规定》《普通高校学生安全教育管理暂行规定》以及《高校消防安全管理规定》等，但其中，《中华人民共和国突发事件应对法》针对的是全社会，而《高等学校校园秩序管理若干规定》等条例，虽然规定很细，但可操作性不强，对相关责任人的约束力也不强。另外，教育主管部门制定的多项安全管理规定和事故预防处理法规，主要适用于中小学及幼儿园学生，缺乏针对高校学生安全管理的内容，导致高校缺乏详细的风险预防与应对指导方案。大学生风险

事故带来的损失往往是巨大的，但由于高校学生伤害事故的保险制度存在着许多不足，仅依靠保险制度来进行赔偿与转移风险明显不够，这就需要政府及有关部门制定相应的法律制度，提供额外的风险保障和技术支持。

2. 信息网络监管不力，消极影响很大

在现代互联网时代，社会各种负面问题被广泛传播，如国内外恐怖主义事件、金融危机、食品安全等，对大学生也造成了一定的影响。大学生没有真正走出校园，对于很多问题和现象并无过多的切身体会，只能较多地依赖网络渠道和间接经验来加以认识、理解。由于国家对信息网络的监管存在漏洞，不法分子往往趁机掀起舆论，误导与欺骗世界观、人生观和价值观尚未成熟的大学生，造成了严重的后果。

3. 社会对大学生的安全问题关注较少，关爱力度不够

社会上很多人普遍认为，大学生是受到高等教育的群体，其各方面的能力较其他群体高；并且作为一名成年人，他们有自己独立的思想与行为，他们自身的安全应由自己负责，这就导致社会没有意识到自身对大学生的安全负有责任，对他们的关爱力度不够。加之社会结构的转变，疏离感逐渐在人们的心里滋生，人情变得淡漠，使得人们有"事不关己高高挂起"的观念。特别是见义勇为，有时反被诬陷、敲诈或被不法分子威胁，导致大学生在发生危险时，社会公众对于大学生的求助出现了犹豫不决，或者视而不见的情况，导致不可挽回的局面。

4. 社会不良风气的影响

现代大学生的生活圈不仅仅局限于校园里面，他们还接触社会上形形色色的人。社会上也存在一些不良风气，例如，部分人

的心态冷漠、道德缺失，这些都在潜移默化地影响着大学生的人生观与价值观。如果大学生的思想不够成熟，社会也没有及时加以正确的引导，就很容易导致相关风险事故的发生。

（二）高校层面的原因

从高校层面分析，大学生风险事故发生的原因主要包括以下四个方面：

1. 高校风险管理制度不完善，工作重心偏离

很多高校都没有制定完善统一的全面风险管理制度，而且风险管理主要集中在高校财务风险管理与人才风险管理等方面，高校尚未充分认识到大学生风险造成的损失程度与范围会更大，对大学生风险关注不够，并且只注重短期可预见的显性风险管理，忽略了隐性的风险管理，这就导致其工作重心发生了偏离。

2. 高校的风险转移意识薄弱，校园保险覆盖率低

广西保监局经过多措并举，在 2016 年 9 月 18 日把幼儿园、中职中专、高职高专、普通高校等纳入保险统保范围，实现了各级各类院校的保险全覆盖，为全区 1100 多万名学生提供超过 3.5 万亿元的保险经济保障，近年来共赔付保险金 7324 万元，工作取得了积极成效，但总体来说，投保率仍然不高。另外，2016 年 10 月 13 日举行的广西高校校园方责任险研讨会，只有三分之二高校的代表出席会议，可见，高校对这个会议的重视程度不够，高校代表在会议上与保险经纪人和保险公司之间关于风险管理讨论的互动也不多，这些都在一定程度上反映了高校的风险转移意识比较薄弱。

3. 风险预防与应对机制缺乏，疲于后端应对

目前，广西很多高校没有根据自身的具体情况，制定统一的

风险防范措施和应对机制。校园安全制度不够完善，相关人员权责不明，风险责任缺失，致使高校学生的安保工作缺乏有效的监督保障措施。往往是在风险事故发生后，才临时采取相应的救助措施，疲于后端应对，使得一些本来可以避免的校园伤害案件仍然在不断发生。

4．日常的宣传教育流于形式，效果普遍不佳

高校对大学生风险防范的宣传，大都是设立展板或者召集班干部开展宣传教育会。但是，由于展板放置地点不当，学生干部本身的风险意识不强，对风险的理解不够透彻等原因，宣传教育无法达到应有的效果。风险防范宣传教育流于形式，并且没有进行相关的风险事故应对的演练，因而导致风险宣传的效果普遍不佳。

（三）大学生自身层面的原因

从大学生自身方面分析，其风险事故频发的原因主要有以下五个方面：

1．风险防范意识薄弱，偏爱冒险刺激

优越的物质生活条件，使得大学生逐渐忘记了"居安思危"的古训，很多人因此缺乏基本的风险防范意识。主要表现有：思想麻痹大意，财物保管不当；缺乏自我保护意识，自救能力差；缺乏履行义务的责任心；喜欢尝试新鲜刺激的事物，而忽略了其可能带来的风险，风险意识薄弱。例如，2016年大三女生任某去边疆徒步探险，不慎跌入河中身亡。

2．个性比较张扬，自控能力不强

在越来越强调自信和展现自我个性的社会氛围中，大学生逐渐展现出要活出自己的鲜活和独特的人生的态度。但由于大学生

自控能力不强，面对生活中形形色色的诱惑，很容易把持不住甚至迷失自己，遭遇不测风险事故，做出追悔莫及的事情。例如，2016 年以来发生了多起女大学生"裸贷"事件，产生了不好的社会影响。

3. 心智尚不成熟，心理调节力差

据心理学的相关研究表明，由于各种复杂的社会因素影响，现阶段青少年的心智成熟年龄推迟到 24 周岁。大学生虽然已经告别了青春期步入了成年人行列，但很大一部分同学心智还不成熟。他们面对社会、学校和家庭等各方面的压力时，很容易产生焦虑、抑郁、悲观厌世等不良情绪。由于缺乏一定的心理调节能力和合理的宣泄方式，大学生的思想和行为容易走向极端，轻者影响其正常学习与生活，重者则可能会出现人身伤亡事件。如图 5 - 1 所示，近六年来的青少年犯罪案件中，18 岁至 25 岁年龄段的罪犯的占比就有缓慢增长的趋势。

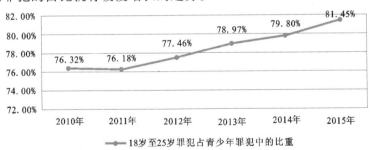

图 5 - 1　2010 年至 2015 年 18 岁至 25 岁罪犯占青少年罪犯中的比重

数据来源：2010—2015 年《中国统计年鉴》。

4. 人际关系不和谐，矛盾日渐增多

从大学生自身的角度来说，他们虽然在逐步加入成年人的队伍，但大部分同学还是不能理智地处理人际问题，并且缺乏人际交往的技巧。他们多以自己为中心，只在乎自身的感受，容易忽视他人感受，不懂得怎样与他人和谐相处，以维持良好的人际关系，从而在与他人建立亲密关系时容易遇到困难，慢慢产生厌恶与排斥他人的行为，甚至导致伤人伤己的严重后果发生。

5. 人生观与价值观不健全

大学阶段是大学生人生观与价值观形成与发展的重要时期。但由于内外因素的综合作用，部分大学生形成了不健全的人生观与价值观，出现了很多失信失德现象。例如，考试作弊、替考、代买代卖论文、偷窃等，拜金主义及个人主义也不断滋生，导致很多风险事件发生，例如不良网贷事件就导致多起自杀事件发生。

（四）保险经纪人的服务缺位

在大学生风险管理工作中，保险经纪人服务缺位的原因主要有两方面：

一是由于我国保险经纪人还处于发展的初级阶段，行业规模不大，技术人员紧缺，业务费用有限，市场拓展能力不强，导致其无力参与大学生风险管理工作。

二是社会对保险经纪人有很大偏见，认可度不高，甚至极力排斥等原因，导致其参与到广西高校学生风险管理的行动受限、开展的相关服务不多。

第六章

广西高校学生典型风险事件案例分析

基于高校学生面临的风险主要为人身风险、财产风险、责任风险、信用风险和其他风险五种类型，本章从收集的若干案例中，精选了对应的五个典型案例，逐一对其进行系统研究，深入分析其危害及原因，并提出了具体的预防措施。

一、人身风险的典型案例剖析

（一）事件简介

2017 年 8 月 16 日，广西网友"××女"在红豆社区来宾论坛发帖，称"××市大学生借款一千元变十九万元遭黑社会绑架"，帖子被转发到柳州多个高校群，"校园贷"问题再次引发广泛关注。据"××女"称，自己是来宾人，儿子小韦是广西柳州××高校大三学生，小韦的学费都是靠助学贷款支付，在家听话懂事，暑假在南宁勤工俭学。近日小韦给家里发来求助短信，经过追问得知，原来他不久前通过"校园贷"借款1000元，后来因没有及时还款，在他人的提示和劝诱下，其答应了对方的借款条件，欠下几千元的高利贷。由于高利贷利息太高，没过多久，欠款从几千元演变为几万元，接下来像滚雪球一样涨到16万元。对方召集社会青年找到小韦逼其还债，还不起贷款的小韦只好向家里求助。接到求助后，"××女"来到南宁，和对方进行协商，并及时报警。在这几天中，欠款又涨到了19万元。"××女"无奈之下，只好发帖求助，帖子很快引起数万阅读量和数百回复讨论。记者试着通过帖子联系"××女"，但截至发稿前，也未见对方回复。不过，记者从学校相关人士处得知，8月17日早上，小韦已平安回到家中。其贷款之事，则还需协商解决。

（二）校园贷款的危害

1. 校园贷款利息奇高，加重了借贷人的经济负担

罪犯针对大学生涉世不深，社会认知能力较差，预防能力薄弱的缺点，进行短期、小额的贷款活动，表面上这种借贷是"薄利多销"，但事实上其利率是银行的20—30倍，肆意赚取大学生乃至家长的钱，加重了他们的经济负担，甚至于背上沉重的债务。

2. 校园贷款会滋生贷款大学生的不良消费习惯，影响其学业

大学生的财政来源主要为父母提供的生活费。如果大学生出现攀比心理，且花钱大手大脚，那么父母给予的物质支持远远支撑不了他们的日常开支。因此，这部分大学生可能会转向校园高利贷，以获取消费资金，由此可能引发赌博、酗酒等不良习惯，更为严重的可能会引发逃课、辍学等严重后果，影响到学业。

3. 放贷人可能使用非常规手段追回大学生的未归还款项

一些放贷人进行放贷时，会要求提供一定价值的物品进行抵押，并收集大学生的学生证、身份证复印件，由此对大学生个人信息了如指掌。如果大学生不能按时还贷，不良放贷人就可能会采取人身威胁、殴打，甚至其他暴力手段，对大学生的人身安全造成伤害，对大学校园秩序造成严重影响。

4. 部分罪犯利用"高利贷"实施其他犯罪，影响社会安定

放贷人在校内可利用"高利贷"诈骗大学生的抵押品、保证金，甚至使用大学生个人信息进行信用卡诈骗、电话诈骗等犯罪活动，影响到社会安定。

（三）事件分析

进行"校园贷"的大学生，大多是一些喜欢超前消费、追求物质享受的同学。许多大学生觉得现在消费水平高，生活费不够花。他们如果想买一部新手机、去旅行、请客吃饭，一般就会通过"校园贷"进行贷款。如果贷款偿还逾期，贷款平台将收取高额利息和手续费，金额也会越滚越大。随着高校管理的不断加强，大学生被禁止参与和使用"校园贷"，许多平台公司目前已退出校园。然而，许多大学生仍然有贷款需求，所以仍有一些地方贷款机构通过各种渠道寻找大学生群体放贷，且鱼龙混杂，其贷款形式非常混乱。上文提及的贴子主人小韦碰见的就是非正式

的金融贷款公司，通常被称为"黑贷"。

2017年6月底，原中国银行业监督管理委员会、教育部、人力资源社会保障部联合印发《关于进一步加强校园贷规范管理工作的通知》，进一步加强校园信贷监管，从源头上控制、防范和化解校园信用风险。该通知下发后，一些网贷平台的线下代理店逐步退出高校市场，在手机应用程序（APP）和网站上也陆续关闭大学生注册通道。然而，有一些平台虽然表面停止了网络贷款，但仍然有消费贷款业务，大学生通过贷款、还款形式，也可以继续超前消费。此外，还有一些规模适中的地方金融贷款机构，仍"潜伏"在大学生群体中，并通过私人、社交平台、QQ群等渠道，吸引了不少大学生来贷款。

（四）如何防范校园借贷陷阱

1. 加强教育引导，提高大学生的风险防范意识

面对各类贷款信息和平台的诱惑，要加强宣传教育，引导大学生应选择有资质、合规经营的贷款平台，仔细了解贷款细节，如利率、还款期限、逾期后果等，并签订正规的贷款合同，避免落入高利贷的陷阱。大学生要提高责任意识和信用意识，贷到款后，如果贷款信息是真实的，应及时支付，避免出现信用不良记录。

2. 寻求妥善解决经济困难的办法

经济困难的大学生，可以通过政府资助、国家助学贷款等其他资助政策来解决资金难题，或者向父母和老师寻求必要帮助。若确实需要贷款，一定要考虑好贷款成本和自己的还款能力，并事先征得父母同意，谨慎处理，以免把还款压力转给自己的父母或其他人。

3. 培养节俭意识，树立正确的消费观

随着京东白条、蚂蚁花呗等信用支付方式的兴起，大学生盲目消费现象开始蔓延。因此，大学生一定要树立科学消费的观念，不盲从、不攀比、不炫耀，理性地进行日常消费；不追求超出自己财务能力范围的物质享受，尽量不要在网络借贷平台或分期购物平台借款或购物；不断培养节俭自立意识，并通过合法正规的劳动，获得经济收益。

4. 切实提高大学生的自我保护意识

大学生要不断提高自我保护意识，切实保护好个人身份信息。不要把自己的个人身份信息借给他人；当被不法分子威胁时，要学会用法律武器保护自己，及时向家长、老师求助，不要因为害怕被批评而一错再错。当发现身边其他同学有异常消费行为时，可以及时进行善意的提醒，必要时报告辅导员、班主任或大学生安全办公室。

二、财产风险的典型案例剖析

（一）事件简介

20 岁的小吕是广西××大学××学院的一名男生。2016 年 10 月 26 日上午，一名 QQ 好友在 QQ 聊天中请求他帮忙转账 1000 元。小吕知道，这个 QQ 账号的使用者就是同学小胡。"小胡"在 QQ 聊天中说，他会先把 1000 元转给小吕，然后让他再把这 1000 元转到另一个银行账户中。小吕问："为什么要弄得这么复杂?""小胡"说,他借钱给别人时想以小吕的名义借出,到时候便于拉下脸追还欠款。小吕信以为真,于是就同意了。"小胡"询问了小吕的银行卡号。没过多久,他就发过来一张银行转账成功的操作界面截图。小吕说自己的银行账户还没有收到这笔钱。"小胡"说他已打电话问过银行客服,跨行转账需要两个小时才能到账。随后,"小胡"催小吕赶紧先帮转 1000 元。小吕告诉"小胡",他转来的 1000 元还没到账,自己卡里只有 600元。"小胡"说,那就先转 600 元吧,别人在医院急着等钱用。小吕没有怀疑,给"小胡"指定的银行账户转去了 600 元。完成转账后不到 5 分钟,小吕就在同校的 QQ 群中看到了小胡所发的QQ 号被盗声明,他赶紧打电话向小胡核实,最终证实让自己转账的人不是小胡同学,而是冒用小胡 QQ 号的骗子。小吕这才意识到,那张转账成功的截图也是伪造的,可为时已晚,无法挽回损失了。

(二)高校校园诈骗作案的主要手段

校内诈骗作案的主要手段,有以下五种:

1. 伪造身份,重复作案

欺诈者经常使用假名片、假身份证与人打交道,有些人还利用捡到的身份证在银行设立账号提取骗款。为了既能骗得财物又不暴露马脚,不少欺诈者往往采取游击方式流窜作案,财物骗到手后即逃离。还有人以骗到的钱财、名片、身份证、信誉等为资本,再去诈骗他人、重复作案。

2. 投其所好,引诱上钩

一些欺诈者经常利用受害者急于就业或出国等心理,投其所好，施展诡计而骗取财产。近年来，涉及假合同或无效合同诈骗的案件逐年增加。一些骗子利用大学生经验少、法律意识淡薄、急于赚钱的心理，常以公司名义让大学生为其销售产品，事后却不兑现承诺和酬金，从而使大学生上当受骗。

3. 以借贷为名，以次充好

有的骗子利用人们贪图便宜的心理，以高利集资为诱饵，使部分教师和大学生上当受骗。一些诈骗犯利用教师、大学生不会辨别产品真假，又追求物美价廉的特点，上门推销各种假冒伪劣产品而使师生上当受骗。他们去教师办公室和大学生宿舍推销产品时，一旦发现房间里没人，还会顺手牵羊，偷走师生的个人物品。

4. 以招聘为名，设置骗局

为了减轻家庭负担，勤工俭学已成为部分大学生谋生的重要手段。诈骗者常利用这一机会，用招聘的名义对部分大学生设置骗局，以介绍费、押金、报名费等名义进行诈骗。

5. 先骗取信任，再寻机作案

诈骗者经常利用一切机会与大学生套近乎，假装热情，骗取其信任后就寻机作案。尤其是在车站和校园里，一些年轻人经常假冒外地某大学来南宁实习的大学生，借口与同行的老师和同学走散，而学校又着急让其乘飞机返校，趁机骗取大学生的钱财。有的还拿大学生发生意外或生病急需用钱治病为理由，骗取大学生家长的钱财，往往容易成功。

（三）高校校园诈骗案件的原因分析

1. 大学生思想比较单纯，容易轻信他人

当代大学生多为独生子女，在家庭严密的保护下成长，接触社会的机会较少，社会经验不足，思想相对单纯，心地善良且怀有同情心。他们缺乏防备心理，对于社会上善与恶的识别能力较差，思考问题仅限于表面，诈骗者常利用大学生这些特点进行诈骗活动。

2. 校园治安管理存在一定漏洞

目前，大多数高校在校园安全管理上都会采用监控视频、定期巡逻等方式，在思想教育方面也有相应的安全警示教育内容。但是，随着办学规模的扩大及校园面积的不断扩张，校园安保的监控及管理存在盲区和漏洞，一些关键领域的监控视频布控不到位，致使安保人员调动不及时，让犯罪分子有机可乘。

3. 诈骗环节严密，虚构逼真隐秘

大部分罪犯设计的诈骗环节异常严密，虚构的"事实"逼真，使用的主题更是来源于现实生活。在不违背生活常识的情况下，人们的防范戒备心理往往被消除，罪犯通过层层深入诱骗，使得很多师生上当受骗。

4. 贪慕虚荣、急功近利的不良心理

有些大学生好面子、图安逸，功利心和虚荣心强，一心想傍所谓的"大款""高干子弟""海归"或"海外华人"等，过上安逸、奢靡的生活，一心想着通过结交一些杰出人物来提升自己的形象。在不法分子使用这些"显赫"的身份开展诈骗犯罪活动的情况下，这些毫无反击能力的大学生，最后不仅遭受了经济损失，还可能遭受精神和身体上的伤害。

5. 自我保护能力薄弱

当代大学生缺乏安全防范意识、缺乏自我保护能力及最基本的怀疑心，忽视了老师平时进行的安全教育知识，对一些诈骗类的风险事件，缺乏正确的自我保护意识和应对处理能力。

（四）高校校园诈骗案件的预防措施

预防高校诈骗案，可以采用以下主要措施：

1. 提高防范意识，学会自我保护

社会环境是复杂而多元化的，大学生应尽早适应环境，学会自我保护。大学生们要积极参加学校组织的法律和安全教育活动，做到自觉了解并掌握相关防范技能。同时在日常生活中，应该做到洁身自好、不贪图便宜、不徇私舞弊；应该时刻保持警惕之心，切勿轻易相信陌生人，更不能将身份证信息及家庭住址等重要内容透露给无关人员。发现可疑人员应当及时报告学校，在被欺骗后应该及时报告案件，大胆进行揭发，以便尽快将犯罪分子绳之以法。

2. 谨慎交友，保持适度距离

真正的朋友应该是值得自己珍惜和信赖的知己，也是自己心中最信任的人。出门在外不容易，对于社会上的人，要谨慎交往，对陌生人一定要抱有戒备之心。在仔细观察、考验后，觉得这个人值得交往，才能坦诚相待。虽说吃亏是福，但也要懂得自卫。好朋友需要用心去经营，同时对待一个朋友，且不论男女朋友，一定要把握好分寸，保持适度的距离。

3. 同学之间要加强沟通、相互帮助

在大学里，无论哪个学院、哪个专业，班集体是校园中最基本的组织形式。在这个集体中，大家有着同一个学习目标，生活节奏和学习节奏是统一的、同步的，同学间、师生间的友谊比什么都珍贵，因此相互间应该加强沟通、互相帮助。有些大学生习惯于把个人之间的交往看作是个人隐私，但我们必须了解，既然是交往就不存在绝对保密。有些人际关系，在自己认为适合的范围内适当透露或公开个人状况，更符合安全保护的需要，特别是在自己觉得可能会吃亏上当时，与同学及时沟通或许就会得到一些指点、帮助，由此可能避免受害。

4. 自觉服从校园管理，遵守校纪校规

为了加强校园管理，各个学校都制订了一系列管理制度和规定。制度通常用于约束人们的行为，在实施过程中可能会给同学们带来一些不便。但是，制度却是必不可少的，况且绝大多数校园管理制度是为了防止闲杂人员和犯罪分子混入校园作案，以维护大学生的合法权益和校园秩序而制定的。因此，大学生必须认真贯彻相关管理规定，自觉遵守校纪校规，积极支持有关部门履行好相关管理职能，努力为建设平安校园发挥出自己应有的作用。

三、责任风险的典型案例剖析

（一）事件简介

2016 年 5 月，广西××大学××学院 2014 级研究生刘某某，因涉嫌诈骗罪被南宁市西乡塘区检察院批捕。检察机关审查认定，刘某某窃取多名同班同学的身份证、学生证等身份信息，利用这些信息在分期网贷平台进行注册，骗取贷款后提现，进行网络消费，截至公安机关立案，其还有一万多元未归还。

（二）事件处理

结合该案以及大学校园因信贷引发的其他刑事案件，西乡塘区检察院曾于 2016 年 6 月向广西××大学发出检察建议函。

（三）事件善后

检方认为，保护大学生、教育大学生，校方责无旁贷。大学教育必须积极引导大学生进行理性消费，绝不能让虚荣攀比心理横行霸道。作为监护人，学校的主要责任在于思想引导、业务教育、风险防范教育。学校的教育跟上了，才有助于提升大学生的责任意识、树立正确的价值观。检方也向高校提出了一些应对措施：引导大学生树立科学的消费观，帮助大学生制定科学的消费计划；加强金融、网络安全知识的普及；加强大学生信用体系的建设等。

相关律师认为，一些大学生由于害怕父母的批评，选择贷款或通过节省饮食消费来购买名牌产品，这是一种财务透支的行为。部分大学生的消费需求高，且不知道挣钱的艰辛，贪图享受而不思进取，因此没钱时就可能会通过校园借贷等渠道来满足自己的物质追求，一旦无法及时还贷就容易引起纠纷。一些网络平台也以分期付款为由，变相地发放高利贷款，收取的综合利息高达年化利率 30% 以上。还款人延迟还款时，这些平台就可能采用胁迫、盯梢、拘禁等非法催款手段，严重影响了大学生的学业及身心健康。如果发现"裸贷"等违反法律规定或治安规定的行为，当地司法机关就应及时介入，尽快予以处理。

高校老师认为，网络贷款相关的负面事件的频繁出现表明，监管部门还需加强对在线网贷平台的管控。当前，向大学生发放贷款的网络信贷平台有多少、每月的现金流为多少、获得过监管部门审批的平台有哪些、容易引发纠纷的平台又有哪些……这些问题需要监管部门和公安部门合力整理出答案，并将信息公开。以便学校做好相关引导工作。

（四）大学生违法犯罪的原因

基于我们的实践调研和观察，大学生违法犯罪的原因，主要有以下四方面：

1. 社会原因

（1）消费文化因素和价值观的错位。大学生犯罪的原因之一，就是社会不良消费风气、腐朽思想和不良网络文化的广泛传播及渗透。

（2）就业因素。很多大学毕业生无法快速解决就业问题，在没有收入支撑生活、法律意识淡薄、自我约束力差的情况下容易萌生犯罪的念头。

2. 学校原因

（1）管理方面。部分高等学校持续扩招生源，但是学校管理体系跟不上大学生数量增加的步伐，造成大学生思想道德教育滞后。同时，部分高校存在重知识"输入"而轻思想品德的"塑造"的情况，缺乏科学的管理机制，甚至有的大学生出现夜不归宿、逃课旷课、赌博醉酒等也无人过问。

（2）法制教育方面。部分高校不重视法制的宣传教育，相关的培养教育活动极少。

3. 家庭原因

家庭是孩子接受教育最原始的环境。家庭教育方式的好与坏，在一定程度上影响着孩子的人生观、价值观、世界观。有些父母溺爱孩子，使这些孩子从小就养成了饭来张口、衣来伸手、不知节俭的不良生活习惯。有些孩子不懂得挣钱的辛苦，不会珍惜并感恩父母对他们的养育之恩，养成了好逸恶劳、挥霍无度的不良风气。长期生活在溺爱型家庭、打骂型家庭、放任型家庭、失和型家庭等"问题家庭"的大学生，较之正常家庭的孩子更容易犯罪。原因就是，这些家庭缺乏适当的教育方法和健康的教育方式。

4. 自身原因

内因是决定事物发展变化的根本因素。自身原因包括大学生自我定位错误及心理上的不成熟、不健康。

（1）大学生自我定位错误。一些大学生被社会中的不良风气影响，在人生观、价值观、世界观方面产生了错误的认知。

（2）缺乏健康的心理品质，心理上不成熟。大学生作为社会的一个群体，正处在学知识、长才干的时期，心理与生理正趋向成熟。由于种种原因，一些大学生无法适应校园生活，因而产生巨大的心理压力和挫折，心理承受能力受到极大的损害。大学生的社会阅历比较浅，分析问题只看表象，缺乏辩证的观点，很容易产生偏激与冲动的行为表现。因此，部分大学生自控能力较差，心理素质低下，无法正视面临的困难与挫折。

（五）如何预防大学生违法犯罪风险

预防大学生违法犯罪是爱惜人才，也是对社会负责的表现。这不仅是学校的职责，也是司法机关和社会各方面的共同任务。因此，减少和遏止大学生违法犯罪的关键是要尽快健全社会预防体系，并使大学生形成正确的道德观和良好的个人行为习惯。

1. 加强政治素质的教育培训，提高其社会公德意识

大学生正处在人生成长的关键期，高校要努力培养全面发展的人才，就必须构建全面发展的高等教育。全面发展教育主要包括德育、智育、体育、美育、劳动技术教育。德育就是培育大学生正确的人生观、世界观、价值观，使大学生具有良好的道德品质和正确的政治观念。智育的主要任务是传授知识、发挥技能、培养其自主性和创新性。除此之外，高校还应重视大学生的审美观、身体素质、劳动技术知识和工作技能的培养。以上"五育"各有其相对独立性，它们互相促进，相辅相成，在活动中相互渗透。

2. 加强对大学生的心理引导，培养大学生良好的心理素质

要提高大学生的心理素质，就必须充分开发他们的潜能，培养大学生乐观、向上的心理品质，促进大学生人格的健全发展。培养积极良好的身心状态、创新精神和实践能力，做有理想、有道德、有文化、有纪律的一代新人。

高等学校心理健康教育的途径，主要有以下四个方面：

（1）开设心理健康教育的有关课程和心理辅导方面的活动讲座。

（2）在学科教学活动中，尽量渗透心理健康教育的相关内容。

（3）结合班级、团队活动，开展心理健康教育。

（4）有针对性地做好个别心理辅导、咨询，或小组咨询。

3. 多形式强化对大学生的法制教育，增强其法律意识

高等学校应采取各种形式的综合教育，帮助大学生逐渐形成

遵法守法、依法办事、同违反法律以及破坏法制的行为做斗争的思想意识。同时，大学生也应自觉学习法律知识，不断增强自我防范风险的意识。

4. 加强校园内部管理，抵制社会不良文化入侵

预防违法犯罪必须保证良好的校园环境，保证校园是一个学习知识的安全场所，切实抵制社会不良文化的进入。因此，要加强和改进高校的学生管理工作，特别是宿舍管理。应该对不同情况采取针对性的措施，并尽快完善管理约束机制，建立预防大学生违法犯罪的网络；与有关执法部门协调，排除校园周边不良因素对大学生的影响和干预。通过建立一整套的安全管理体系，最终从体制上杜绝大学生违法犯罪的现象。

5. 司法机关的积极协助教育

面对大学生的违法犯罪行为，司法机关应坚持教育、感化、挽救的方针，坚持惩罚与教育相结合的原则，以法律效果为基础，以社会效果和人性化为宗旨，挽救迷失青年，使他们能够重新成为社会的有用之才。根据《刑法》第37条的规定，对于犯罪情节轻微不需要判处刑罚的，可以免予刑事处罚，但是可以根据案件的不同情况，予以训诫或者责令具结悔过、赔礼道歉、赔偿损失，或者由主管部门予以行政处罚或者行政处分。通过这样的方式给他们一个改过自新的机会，这往往会带来更好的管理效果。司法部门还应注重与大学定期联系，帮助学校建立良好的校园环境，同时加强学校的司法宣传教育，形成遵法守法的良好氛围。

6. 家长有针对性地进行引导教育

家庭是社会的基本细胞，提高家长的综合素质，加强和改善

大学生的家庭教育十分重要。大学生的父母应注重理解孩子，学会换位思考，做孩子的"知心朋友"。一昧宠溺、简单粗暴的教育方式，培养不出健康、积极向上的孩子。同时，学校教育和家庭教育应该双管齐下，共同营造健康和谐的成长环境。此外，政府职能部门应力所能及地为大学生排忧解难。采取切实可行的措施，加强教育领导，优化社会大环境以及校园周边环境，通过社会各界的共同努力，逐步降低大学生违法犯罪率。

四、信用风险的典型案例剖析

（一）事件简介

"我递交的信用卡申请为什么被拒绝？"这是李先生在南宁市农行申请信用卡未成功时的疑惑。其实，李先生的条件并不差：毕业于广西××大学，并考取了国家公务员，刚刚毕业的他正打算开创自己的事业，不料却在申请信用卡这件小事上遇到了麻烦。原来，李先生在大学期间，为减轻家里的负担曾办理了助学贷款，李先生与银行约定就业后会按期偿还贷款本息。但工作后，粗心的他忙于工作，竟忘记了偿还贷款，造成自己进入了人民银行征信系统的"黑名单"，因此无法申请到信用卡。

农行的理财经理张经理解释，中国人民银行征信系统记录着每个人的信用情况，像李先生这种由于一时疏忽忘记还款的客户，与恶意透支信用的客户还是有严格的界限划分的，只要李先生尽快还清欠款，人民银行的"黑名单"就会消除，对李先生就不会有其他的影响，也不会影响他继续申请信用卡。通过张经理的一席话，李先生打消了所有疑虑，并表示以后一定会对此类事情加以注意，并连连感叹，没想到失信会对一个人会造成这么大的影响。诚信是金，莫让欠款影响我们的信誉。

（二）助学贷款引发的信用风险

随着大学生助学贷款机制的逐步完善和发放的广泛性，不少人钻了政策的空子谋取不义之财，使得我国的助学贷款信用已成为银行在开办助学贷款业务中面临的主要的商业风险。现阶段，我国个人信用意识普遍淡薄、国家助学贷款偿还制度还不完善，银行开办此项业务面临相当大的信用风险。助学贷款信用风险主要有以下特点：

1. 还款情况不确定

国家助学贷款是在借款大学生现阶段没有支付能力，而且未来还款能力不确定的情况下发放的。也就是说贷款对象未来还款能力不确定，贷款期限较长，银行资金收回周期长。目前，大学毕业生的收入不稳定，面对不断上涨的生活成本和就业成本，许多贫困生毕业后因就业困难或就业不佳，最终无法偿还贷款；而大学生信用意识的淡薄和信用约束机制的缺失，进一步加大了大学生违约的可能性，增加了银行的信贷风险。

2. 风险与收益不对称

国家助学贷款是一种无抵押的信用贷款。这种业务由于社会效应和政策因素的影响，在实施的时候不能完全按照市场原则来执行，贫困大学生有着更大的违约风险，银行也没有很有效的方法来避免违约的发生，因此，银行的收益和风险是不对称的。而以经营利润为目标，降低不良贷款比例，提高信贷资产质量，是银行业生存的先决条件。大学生贷款时，坏账一旦发生，银行贷款的成本将远远大于贷款本金，这将降低银行放贷的积极性。银行缺乏开展助学贷款的动机，银行业的竞争越来越激烈，基于自身的经济利益原则，银行会找到适当的方法来规避风险，也可能会逐渐降低贷款规模甚至不提供贷款，这将不利于未来大学生的贷款申请。

（三）助学贷款信用风险成因分析

基于实践调研和观察我们发现，助学贷款信用风险的成因有以下三个方面：

1. 大学生的诚信缺失

当代大学生的诚信意识相对薄弱。在一项助学贷款的调查中显示，不少大学生认为，钱是国家的，又没有利息，可以通过弄虚作假的方式把国家的助学贷款弄到手，以此来维持自己的学业，而他们自己的钱用于投资或存在银行，从而达到财产增值的目的；或者有些大学生错误地认为国家助学贷款就是无偿资助，可以不还，完全忘记了自己以前的诚信承诺①。

大学生诚信缺失的根本原因，一是缺乏意志力，经受不住物质利益的诱惑，用金钱来衡量诚信，认为诚信不值钱，只有追求眼前的物质享受才是最实际的；二是教育不到位，不知道失信的巨大影响。

2. 参与者的均衡机制缺失

在助学贷款业务中，主要包括国家、银行、学校以及贷款大

---

①唐金成. 现代保险理论与实践［M］. 北京：中国人民大学出版社，2018.

学生四个利益的主体。在实践中，可以把从大学生申请贷款到银行发放贷款，以及最后大学生归还贷款的过程，看成是一个完整的博弈过程。如果助学贷款业务处在一个平衡的博弈状态下，则国家助学贷款不存在风险；如果其处在一个失衡的博弈状态下，则国家助学贷款存在着风险。

3. 助学贷款风险控制的制度缺失

我国助学贷款以大学生的信用资源作为抵押，大学生能否达成协议、及时还款，主要取决于大学生的信用与未来的经济收入状况。在目前的大学生信用缺失以及就业压力巨大的背景下，把大学生的信用资源作为还款保障，本身就存在巨大的风险。一方面，国家对于大学生的违约行为，除按规定计收罚息外，还要在相应的媒体、网站以及管理部门公布违约信息，使其承担违约责任。这些具体的规定只影响了大学生处理金融相关业务，对就业没有任何影响。另一方面，部分大学生就业后，由于收入相对较低，无力承担银行贷款的偿还，最后导致不得不违约。

（四）助学贷款风险的防范对策

1. 由政策性银行专门承办助学贷款业务

因为助学贷款是一项融政策、福利、教育、金融于一体的政策性贷款业务，政策性银行可以解决政策性目标和商业管理的矛盾，能更好地满足贫困大学生的迫切需要。同时，还可以考虑建立一个"政府部门与政策性银行和商业银行运作相结合""多层次、多渠道、多方式"以及"担保与非担保、贴息与非贴息、市场与非市场经营为补充"的教育金融框架体系，不断完善助学贷款的机制。

2. 坚持政策性助学贷款与商业性助学贷款相结合

对于有特殊困难、残疾、疾病和来自特殊群体家庭的大学生，国家应给予特别政策贷款支持，该项资金由国家出资并承担损失。商业性助学贷款完全是按照市场机制、进行市场运作，由大学生自主决策、银行自主经营、自担风险，履行贷款机构与大学生借款者之间的经济契约行为。

3. 让高校与银行共担风险

由于各高校在课程设置、资源整合和教学方法上，存在与市场脱节的情况，实践能力不高，难以应付人才选拔市场，找不到工作的大学生较多。大学毕业生的就业率低，必然导致其没有还款能力，从而使贷款形成恶性循环。针对这种情况，我们应该让学校和银行贷款共同承担贷款风险。生源地助学贷款与国家助学贷款要按银行、高校审核把关的先后分别承担不同的责任，前者形成的风险由银行、学校按六四分成，后者由银行、学校按四六分成。事实上，大学是学生贷款第一受益人，必须要承担一定的责任，这样才能迫使他们调整自己的教学方法，进行教育制度的改革，努力培养人才，以便更好地适应社会的选拔。

4. 建立国家助学贷款信息管理系统与大学生信用评价体系

国家助学贷款与一般消费信贷不同，因大学生没有交易行为，银行不能通过经济手段来制约借款的大学生；助学贷款面广人多、单笔金额小，对贷款的审批、调查和催收管理成本高；大学生毕业后流动性非常大，不利于银行对大学生贷款的跟踪管理，银行承担了更大的信用风险。为了让银行充分掌握大学生的真实信息，建立国家助学贷款信息管理系统便是个大趋势。通过建立贷款大学生毕业前、毕业后的两套个人信用档案和个人信用评价体系，量化管理个人信用评分，结合个人征信系统来制约借款人的不诚信行为，从而可以降低助学贷款的信用风险。

5. 尽快制定法规，明确高校办学层次、规模及收费标准

当前，各高校的办学层次及规模不同、收费情况不同，针对这种情况，国家需要尽快制定法规或指导意见，对高校办学档次、规模、收费予以明确，明确限定中专、大专、本科大学各自的必要条件，包括教师的知识水平、学校的硬件配置、课程设置、学校规模等方面的内容。只要对照法规，任何一所院校就可以明确自身所处的位置，具备的办学档次，也就是说各高校可以根据规定对号入座，充分体现各自的发展特点。

五、其他风险的典型案例剖析

（一）恋爱终止危机事件简介

大学生恋爱终止事件，是指因恋爱动机、感情纠葛、外界干预等一系列原因，导致的恋爱终止进而引发的危机事件。

21 岁的高某是广西××高校一学生，与本市××高校女生康某系男女朋友关系。恋爱期间，二人感情出现了危机，高某欲杀死康某，然后自杀。为此，高某于 2017 年 9 月 21 日 13 时许携带其事先购买的刀具，从河南赶到康某所在的××高校，在校园内持刀朝康某胸部及左大腿部连刺数刀，后又朝自己胸部连刺数刀。二人受伤后，双双拨打电话求救，后被人及时送往医院治疗。经诊断，被害人康某之伤为胸部、左大腿刀刺伤，左侧液气胸，左侧第三肋骨骨折。经法医鉴定，康某胸部损伤程度构成轻

伤。当月 22 日，高某在医院被抓获归案。

案件审理过程中，双方就民事赔偿问题自行达成协议，被告人高某家属代其赔偿了被害人康某各项经济损失 5 万元，康某对高某表示谅解。

法院经审理认为，被告人高某的行为已构成故意杀人罪，应予以惩处。鉴于高某故意杀人后及时求救，使被害人得到及时治疗，避免了死亡结果，属于自动有效防止犯罪结果的发生，即犯罪的中止，应当减轻处罚。同时，高某认罪态度较好，并得到了被害人的谅解，亦可酌情从轻处罚。由此，当地人民法院以故意杀人罪判处高某有期徒刑 5 年。

（二）恋爱终止危机事件的特征

大学生恋爱终止危机事件，最突出的特征是伤害具有相互性，即事件发生后，伤害是双方的。当事人由于无法承受打击和伤害，可能会出现情绪低落、心情抑郁等现象，情况严重者，还可能出现自杀或其他过激行为，给本人、亲人及学校带来不良影响，甚至造成严重后果。

（三）恋爱终止危机事件的预防措施

基于我们的实践调研和观察，关于大学生恋爱终止事件的预防，可以从以下四个方面抓起：

1. 必须尽快树立正确的恋爱观

（1）恋爱人格平等。恋爱中的人如果把对方当作自己的附庸，或依附对方失去自我，都是对爱情关系的曲解，恋爱双方在相互关系上人人平等，都具有给予爱、接受爱和拒绝爱的权利。

（2）自觉承担责任。责任感是爱情与婚姻的保障，如果没有责任感，爱情和婚姻都经不起时间和外界诱惑的考验。

2. 切实提高应对恋爱挫折的承受能力

大学生的恋爱受多种因素的制约，因而在追求爱情的过程中遇到各种波折是在所难免的，提高恋爱挫折的承受能力，对大学生的心理健康来说非常重要。当爱情受挫后，一定要用理智来驾驭感情，在新的追求中确认和实现自己的价值，从而提高自己的心理承受能力和认知水平。

3. 敞开心扉，及时疏导心中的郁闷情绪

人的理智可以战胜感情，被迫终止恋爱关系的人可以找亲人或知心好友倾诉心中的烦恼，也可奋笔疾书写下自己的感受，也可以主动寻找快乐开阔的环境，或有意识的潜心于自己感兴趣的事情中，用新的乐趣来尽量冲淡、抵消过去的不快和郁结。

4. 寻求团体咨询和辅导的帮助

减轻被迫终止恋爱关系的痛苦，除了自身的努力，朋友、家庭、学校和社会都应当给予一定的帮助和支持。学校的心理咨询中心，可为被迫终止恋爱关系的大学生提供心理咨询，充分发挥团体的咨询和辅导功能，鼓励他们用理智克制情感，减少失恋所带来的苦恼。

（四）恋爱终止危机事件的处置方法

处理因恋爱终止而出现问题的大学生，一定要因人、因事而异，灵活处置。

（1）高校要根据相关规定，把处理细节分工到每位负责的老师。

（2）辅导员、班级导师一旦发现隐患，应该及时做好沟通、引导工作。

（3）事态较严重的，应该及时通知大学生家长来学校，协助处理相关事宜。

（4）班干部密切关注大学生的情绪和行为，发现有问题应该及时向辅导员和班级导师汇报，及时做好大学生的思想工作。

（5）针对大学生的恋爱心理问题，适时举办相关的辅导讲座，努力做到防患于未然。

（五）恋爱终止危机事件的善后措施

大学生恋爱终止事件发生后，为了保证大学生的人身安全，需要高校做好如下四项善后工作。

（1）事情严重者，应该及时通知大学生家长，来校安抚大学生的情绪，协助处理好大学生恋爱危机事件。

（2）在大学生家长未到校之前，安排班干部和同寝室的同学做好涉事大学生的思想工作，随时关注其思想动态，密切关注其行踪，确保人身安全。

（3）辅导员、班级导师要及时安抚大学生，做好疏通和引导工作，使之平缓地过渡好该阶段，避免极端事件的发生。

（4）等大学生家长来校后，应该尽快做好相关解释说明工作，并提供相关帮助，争取在学校和家长的共同努力下，圆满解决事件。

（六）相关建议

大学生恋爱终止危机事件，大多数是一个量变到质变的过程。因此，班级导师和辅导员要在日常生活中，深入了解大学生的思想动态，及时给予疏通指导，将因恋爱终止而可能导致的危机事件，尽量消除在萌芽状态。

这类事情的发生，通常是由于大学生心理素质不过关而造成的。因此，除了密切关注大学生的思想动态，还应该加强对他们的心理健康教育工作，引导大学生树立正确的世界观、人生观和价值观，把心理健康教育工作作为高校教育的一部分，并尽快建立相应的督导、帮扶机制。

第七章

发达国家高校学生风险管理的经验与启示

本章介绍了美国、英国、日本、德国高校风险管理的基本情况，总结了其高校学生风险管理的基本经验：拥有健全完善的立法保障；强大有力的社会支持；系统完善的应急管理培训；系统全面的风险管理体系。在此基础上，基于广西高校所面临的风险特性，提出强化高校风险管理系统建设的政策建议。在政府管理层面：应加快完善高校风险管理立法；努力帮助高校降低风险管理成本；构建高校风险管理职能部门；调动社会力量支持、参与高校风险管理工作。在高校管理层面：应配合高校风险管理职能部门落实相应工作；尽快构建本校的风险管理体系；建立精准的实时动态风险监测平台。

一、发达国家高校风险管理的基本情况

(一)美国高校风险管理

美国高校的风险管理主要经过了兴起、发展和日臻完善三个阶段。

美国是现代风险管理的起源地,拥有悠久的风险管理传统。美国高校的风险管理工作始于 17 世纪,其校园的风险管理与高校是相伴相生的。美国高校的风险管理工作在诞生之初,就有了基本的法律框架保护,高校全体教职工依照法律规定承担了相应的管理责任,有效开展了各项风险管理工作。

19 世纪中叶,由于高校所处的环境发生了变化,原有的校园危机管理方案不再适用,部分高校试图建立防范安全隐患的管理机制,并对原有方案进行了整改。其中,最典型的整改方案为耶鲁大学于 1894 年建立的"校园警务站",并采用"一对一"的模式,它具有针对性和及时性等优势,大大提高了校园安全管理工作的效率。

进入 20 世纪后,在各种复杂的社会背景和宏观条件下,校园安全管理出现了新难题:大学生游行示威,滥用酒精、药品,非法携带枪支等现象频发。于是,部分州通过立法形式赋予高校建立警察机构的权力,校园警察机构成为高校风险管理新的工具,并在全美予以推广。同时,美国各州建立了各类机构,颁布相关法律,辅助高校开展风险管理工作。如 1979 年美国成立了联邦紧急事态管理局;1984 年,组建了全国校园危机管理中心;

1990 年，颁布了《校园安全法》。

进入 21 世纪，越来越多的专家学者对高校的风险管理体系进行深入研究，风险管理成果日趋成熟完善。美国各州成立了专门的风险管理机构，对高校师生进行风险应对模拟培训，并配套有相应的宣传和防控系统，学校之间形成了共同应对危机的网络。

国际上将当代公共危机管理划分为危机预防、危机准备、危机回应以及危机恢复四个首尾循环的系统。在此基础上，美国教育部制定的学校风险管理模式分为四个阶段：危机缓解与预防，降低或消除校园周边或校园内对生命和财产产生威胁的因素；危机准备，风险管理计划要做出面临最坏情况的预案；危机反应，危机发生时的应对步骤；危机恢复，危机过后需要恢复相关的教学和校园生活环境。

（二）英国高校风险管理

英国高校的风险管理主要是按照区域划分，对其所面临的风险进行有效分类、梳理，将风险管理融合到学校的管理框架内，建立相应的风险管理部门来分管风险管理工作，英国高校董事会下设风险管理委员会、风险指导委员会、审计与风险管理委员会或风险管理办公室等机构。各高校根据法律规定，必须遵照风险指导委员会制定的风险管理方法，因地制宜地完成好管理工作，以保证高校的安全和有序运行。其风险管理委员会的主要职责是提交风险管理年度报告、审议风险管理策略和重大风险管理解决方案、审议内部审计部门提交的风险管理监督评价审计综合报告，以及审议风险管理组织机构设置及其职责方案等。

英国高校的风险管理，分为以下七个步骤：

1. 确定风险管理框架

英国高校的风险指导委员会，首先要对该区域内的环境、目标、限制条件、使用的技术、政策以及一些法律规定等各项指标进行分析，并以此确立风险管理框架。风险指导委员会在确定管理框架时，必须遵守三个原则：保证风险管理途径的连续性，明确的风险管理过程框架以及该框架须得到高校高层领导的认可和支持。可见，英国高校风险管理的主要执行人和责任人是高校内的高层管理人员。

2. 识别风险

英国高校的风险管理系统中，识别风险是院系主任必须完成的首要任务，是开展工作的前提条件。要求院系主任将新活动、操作活动以及各项目的风险按照一定格式列出，随后利用风险管理登记表或者风险分析表进行科学识别。风险登记表由对本校情况较了解的管理董事会制定，其中包括目标实现的重大风险和操作层面风险两项重要内容。

3. 评估风险

根据风险登记表或者风险分析表所列内容，对风险发生的可能性及影响范围、损失程度进行预估。根据不同类型风险，采用不同的评估方法：有的风险使用数值来表示，无法采用数值精确表示的风险，则采用主观评价法进行评级。英国高校风险的可能性和影响力评估通常采用五个等级评估模式：可能性分为非常低、低、中等、高、非常高五个等级；影响力分为无影响、较小影响、中等影响、严重影响、灾难性影响五个等级。可能性与影响力构成一个二维模型，用于判别风险的严重程度，有利于责任人将风险进行排序，在几项风险同时存在时，优先解决程度较严重的风险。

4. 确定风险容忍度

完成风险识别与评估工作后，再对每一项风险确定容忍度。风险容忍度是指项目所能承受的风险水平。风险容忍度由风险的可能性和影响力共同决定。风险容忍度是一个动态变量，随环境变化而不断改变。风险容忍度登记在风险登记表中，当风险容忍度突破高校可承受的预定容忍度，高层管理者就可以采取措施控制风险或做好应对工作。

5. 风险应对策略

风险应对策略的内容包括将风险影响转移，或者采取措施将风险水平控制在可接受的更低范围内。风险管理工具主要有风险承担、风险规避、风险转移、风险转换、风险对冲、风险补偿和风险控制七种。当所面临的风险为无法终止或超出风险容忍度类型的风险时，可采取必要的应急措施，或者杜绝参加此类活动以规避风险。风险监控贯穿全过程，在实施应对方案的过程中，仍需根据监控不断调整风险应对策略。对于同一风险，有可能会同时采用几种风险应对的工具进行管理。

6. 获取风险管理效能保障

风险应对方案实施的水平和效果，必须要经过检验，以便对应对方案进行评价和整改。如应对方案的效果如何，有否将风险以及风险损失控制在可接受的范围内等。风险责任人通过评估检验对自身进行监控，以判定风险管理的效率。评估主要包含对风险的内部审计和外部审计。如若风险水平增加，风险责任人必须采取措施进行控制；如若风险水平超出可接受的范围，并且无法采取措施进行控制，则应该终止活动，远离该风险；如若风险水平较低，可考虑撤销部分非关键的、影响不大的风险控制措施，以节约风险管理成本。风险管理效能评估的主要途径有：院系的高层管理人对风险登记表进行评估，认可通过后，确定风险容忍度与应对措施。为了保证风险评估结果的客观公正，每个院系的风险管理人必须确保风险管理报告的有效性、内部审计报告的客观性和可靠性。

7. 融合与反思

风险管理融合于整个组织管理活动过程的始终：活动策划，各项目会议记录以及年度、季度、月度报告等，都必须有风险管理的内容以及意外事故的应对方案。风险管理规划需要提交年度报告，年度报告中要求详细展示风险管理方案、风险管理过程、风险管理效能以及风险管理整改建议等内容。

风险管理是校园内各项活动顺利开展和进行的基石，将风险管理活动放在明显重要的位置，更有利于提高其管理效率，有助于高校相关人员参与到风险管理活动中，达到全员参与的目的。因此，风险管理活动很有必要融入到活动和项目中。融入的途径多种多样，比如：校长将风险管理的识别与评估工作与相关负责人绩效相结合，并纳入经营管理中；定期召开风险管理讨论会，按时上交月报、季报、年报，并对风险管理方案不断进行整改；设立专门的风险管理内部审计部门，加强风险识别与管理工作的真实性和客观性等。

风险管理融入组织中的最佳方式是使之成为高校的一种文化，文化给予人的烙印难以磨灭，且能指导人们按照其宗旨行事。英国高校风险管理所包含的内容众多：大学生体验、教职工问题、学校声誉、资产与设施、财政问题、商业问题、组织问题和信息技术等。有效监管风险的必要保障条件是内外部审计、上下级相互监督，并定期提交风险评估报告，实施有效整改，最终逐渐成为一种校园文化。

（三）日本高校风险管理

相对于英国的全员参与，日本高校在风险管理上采取更精细的管理方式。譬如，利用大学生的学号，对每位大学生的生活和学习进行监管，目标是实时监控校园风险问题的动态情况。其风险管理体系主要由校园应急管理系统和保障系统两部分组成。

1. 校园应急管理系统

完善的校园应急系统是高校做好风险管理工作的基础，而保障系统有助于应急系统的不断发展和完善，两者缺一不可，相互促进风险管理工作的良性循环。日本高校的风险管理分为事前预防、事中应对和事后监督及整改三部分。

（1）事前预防

事前预防工作需要将防灾教育与信息搜集工作相结合，使师生的防灾意识培养工作更有效率。日本高校的防灾教育，主要是各类意外事故的应急处理理论宣传，以及意外事故模拟逃生的演习。日本非常重视防灾教育工作，并在所有学校铺开，所有学校设有专门的"防灾宣传日"，以增强整个民族的防灾文化。防灾教育能够帮助师生强化防灾意识，在事故发生前能够有所警觉，在事故发生时能够从容应对，并采取科学的逃生方式。日本高校还有各种风险管理课程，这些相比于防灾理论知识更高级的课程，在培养整个民族的危机意识中发挥了其独特的作用。

同时，由日本政府出资资助防灾、环保、卫生等与风险相关的部门进行科研活动，形成全方位的风险管理预防与管理系统。相关部门的科研活动，为提供更精确的灾害预告、更科学高效的灾害应对工具和措施做出了贡献。在事前预防系统里，信息搜集和应对是最关键的部分。日本内阁设立了内阁情报调查室，用于专门对情报进行搜集、汇总、分析和利用等。内阁情报调查室的调查范围是整个日本，因此，日本各个层级的政府机关和单位、部门都在其监控之内。内阁情报调查室的作用是，实现了各层级的政府、机关和单位的灾害信息的协同，有助于救灾方案的科学决策。另外，内阁情报调查室有协同调动周边单位物资的权利，有助于高效解决局部区域的意外事故或者灾害导致的暂时性物资紧缺、人员疏散等问题。日本的风险管理同样有相关法律保障其实行。例如《灾害应对法》中规定，校长、老师有责任警惕各类风险，做好事故预防工作，这就有效保证了校园范围的安全。

（2）事中应对

日本高校事中应对方案的特别之处是，学校各部门分工明确，事故发生时各司其职，同时对事故处置信息进行合理公开。在风险事故来临时，日本坚持"生命第一"的原则，一切抢救工作以保障生命安全为先。在处理事故过程中，各相关人员必须听从相关领导机构的指挥，沉着应对。危机处理中的细节、流程等信息，最终要求由高校向外界进行公布。

（3）事后监督及整改

风险事件过后需要进行恢复工作，恢复工作也要向社会公开信息。风险事件后公开的内容包括相关责任人应向新闻媒体或媒体平台公布已记录的、可公开的信息；事故中未能解决的问题，并说明未能解决的原因和限制条件；公布信息时需要适当和有技巧，以免引发不必要的社会恐慌。日本政府要求信息公开工作要注重保护相关人员的隐私，避免相关人员在灾害事故后，受到社会舆论或媒体过度关注而产生困扰。相关责任人的职责也有明确规定，如果在事故过程未能履行职责，就会受到相应的处罚，甚至需要承担相应的法律责任。灾害事故过后，学校必须落实责任，关注大学生身心健康的恢复程度，帮助大学生尽快回归正常学习和生活，面对有灾害心理阴影的大学生，要安排心理老师进行疏导和帮助。

2. 保障系统

保障系统是指在风险管理体系外的，由为高校的风险管理提供安全保护，或提高保护效能的相关部门或机构组成的系统。完善的保障系统是应急管理系统不断优化升级的基础。保障系统主要包括防灾教育、保障措施、救灾物资和设备，以及防灾救灾法律。

（1）防灾教育系统

日本政府对全民进行防灾救灾教育，比如，定期举行各式意外灾害演练；根据区域层层划分，对该区域的居民进行防灾宣传；学校是防灾教育的重地，对教师的防灾知识和逃生技能以及保护大学生的技巧有更高的要求，大学生必须要接受充分的防灾教育，学会各种灾害逃生的基本技能。

（2）硬件设施的保障措施

日本高校的主要职责是保护大学生的安全，这也契合日本风险管理的最高准则：以大学生为本，大学生的生命关系民族的未来。对此，日本学校各种硬件设施的质量都有严格要求，尤其是教学楼、校舍等建筑物要求必须有最高的防震等级。大学生接触的各种教具必须符合安全规定，大学生接触前，学校有责任和义务对大学生进行相关教育，确保大学生在使用过程中的人身安全。大学生接触到的周边硬件环境，也需要排除一切安全隐患。如楼宇中配备灭火器、安装灾害警报器、保证应急通道没有任何障碍阻挡师生正常通行。

（3）充足的救灾物资与设备

日本学校的每个教室中都配备有应急救生包，其中的物资有饮用水、干粮、电筒和雨衣等。学校周边设有"防灾资财仓库"，当灾害事故发生时，相关部门可以调度这些物资，以供学校师生使用，确保师生的生命安全，保障其正常生活。

（4）健全的防灾救灾法律

日本非常重视风险管理工作，居民具有较高的危机防范意识，这与日本完善的防灾救灾法律体系分不开。日本不仅有完备的防灾救灾法律体系，每项风险类别的处理都有法可依，还有详尽的防灾救灾条例和程序，作为法律体系的补充。日本所有公民尤其是高校师生，必须熟知防灾救灾的相关法律和条例，灾害发生时必须按照相关规定进行自救。

（四）德国高校风险管理

风险管理虽然起源于美国，但高校风险管理最早是在德国得到了发展，德国的应急管理培训已发展成一套完整的流程。2004年5月，德国成立了联邦公民保护和灾难救援署，负责处理与联邦政府有关的公民保护事务，支援联邦政府各部以及各联邦州政府的危机管理，是联邦政府以及各州政府的灾情信息中心，为政府、社会组织以及公民提供专业咨询服务。该署主要负责全民的风险灾害管理，包含高校在内。德国高校的风险管理在救援署的领导下，进行政务管理与校园安全管理，包括应急管理系统和校园实践管理两部分内容。

1. 完备的应急管理系统

德国的应急管理系统是在救援署的部署下进行运作，该系统下设四个处。

第一处主要负责应急管理的相关基本事务，为联邦政府及各州政府提供灾情信息，对公民发布预警、预报，制定德国危机事件预防信息系统，并对危机受害人群进行心理干预。

第二处主要负责危机事件预防及保护关键基础设施，负责危机信息、新闻发布及公关工作，为公民提供危机事务的法律保护工作以及志愿者的管理等。

第三处主要负责在危机事件中保护公民的健康，特别是生化、辐射和核污染方面的保护，还负责对专业信息机构、文物进行保护。

第四处是危机管理、应急规划及民事保护学院。该学院主要负责研究民事保护与灾难救援方面的理论，以及对从事应急管理工作的领导与人员进行培训，并对民事保护与救灾救援领域进行调查、研究，进行相关项目的规划、执行与评估工作。

2. 大学生通过行政管理机构参与学校管理

德国高校的校务委员会、系委员会中，大学生的比例必须满足法律的规定。德国高校的管理非常强调民主，管理机构内部的领导制度大多为委员会制。由于大学生可以公平地参与到学校的风险管理活动中，这更激发了大学生参与风险管理的积极性，他们不再是风险管理的"旁观者",而是在其中发挥了一定的决策作用。

二、发达国家高校学生风险管理的经验

(一) 拥有健全完善的立法保障

从美国、英国、日本、德国四个国家的高校学生风险管理实践中可知,高校学生风险管理的指导思想都是在国家的法律或者政策基础上制定的。美国政府通过多项立法对校园危机管理进行指导。1991 年颁布的《美国 2000 年教育战略》指出,美国所有高校在 2000 年都要实现消灭毒品和暴力的目标,都要做到纪律严明、秩序井然,让高校成为大学生学习生活的良好场所。随后,克林顿政府颁布的《目标 2000 教育法》提到,要在 2000 年前把高等院校打造成"安全学校",并给予一定的专项财政拨款。2001 年,法律文件《不让一个孩子落后法案》要求设立包括高等学校社区禁毒安全顾问委员会、校园安全技术和资源中心,以及全国校园和青少年安全中心等机构,共同协作应对高校的风险事件。联邦危机管理局还在教育系统里引入四阶段管理过程,美国通过立法规定了政府组织、非政府组织、社区、学校及家长在校园危机管理上的责任。高校在《灾害对策基本法》的基础上,纷纷制定了防范突发事件的相应法律和法规,如《学校安全法》草案。日本颁布的相关法律条文如《灾害应对法》,以及相关法规,如《大阪大学防灾基本流程》等,将风险管理纳入了强制轨道,并要求所有学校和每个社区必须有配合风险管理教育的安

排。英国的威尔士高等教育拨款委员会制定了《风险管理政策与指导》的文件，供威尔士地区高校制定风险管理政策做参考。这些完善的立法，使得学校的风险事件管理活动有章可循，从而保证风险事故发生时学校能够有条不紊地应对，并把损失降到最低限度。

（二）强大有力的社会支持

四国的高校都得到了强大的社会力量支持。美国学校注重寻求和挖掘学区和社区的安全资源，如美国安全学校联盟提供的"安全资源清单"就包括了校内、学区和社区三部分，整合一切可利用的资源构建保障校园安全的立体"防护网"。英国高校中除了设立心理机构外，还有各种非政府组织专门负责加强精神健康教育，预防儿童、青少年和大学生自杀等极端心理风险事件的发生。日本各高校经常联合社区开展各种防灾实战演习，让大学生受到了最好的风险事件教育。2009年，德国联邦政府专门成立了"联邦分析与公民保护"指导委员会，包括内政部、环境部、卫生部、交通部、经济与技术部、劳动和社会事务部等。

（三）系统完善的应急管理培训

应急管理培训是应急救援行动成功的前提和保证，发达国家都十分注重整个培训体系的建立与完善。美国就有很多不同层次的应急管理培训组织管理机构。联邦紧急事态管理局的下属机构应急管理学会，主要负责对联邦、各州、地方和少数民族的政府机构、志愿者组织、公共机构和私人部门开展减灾、灾害防备、应急响应、灾后恢复等四方面的培训。日本的灾前预防预警，救灾时的应急、救援系统以及灾后重建与恢复等防灾对策，在世界上首屈一指。尤其是防灾教育方面，日本具有独特和全面的教育系统。2004 年 5 月，德国联邦内政部成立联邦公民保护和灾难救援署，其应急管理目标从国防状态下的民事保护，转变为灾难状态下的公民保护，应急管理培训业相应地转变为以人、自然环境、公共设施等为保护对象的培训，并且形成了两个专门的应急管理培训系统。

（四）拥有系统全面的风险管理体系

全面风险管理体系是进行风险管理的重要基础。美国高校风险事件管理体系，是建立在"全面管理"理念基础上的完善体系，主要包括应对计划、核心协调机构、应对网络，三者共同发挥作用。英国各高校通过各种途径，形成了较为系统全面的风险管理运行机制，并通过风险管理的各种系统要素、年度效能评估等，对风险进行有效识别、评估与监控，从而保障了风险管理实践的顺利进行。日本高校的应急管理系统，都建立了集学校风险事故的事先预防、事中应急处理和事后监督为一体的、较为全面的安全管理体系。德国从 2002 年开始，就积极开展全面风险分析工作，形成了一套系统的风险分析方法与风险管理模式。

三、对广西高校风险管理系统建设的启示

（一）尽快完善风险管理的立法工作

我国是法治国家、法治社会，所有工作都需要有法律保障才

能依法展开。风险管理工作对整个社会都具有正外部性，但缺乏让个人自觉施行的动力，因此需要法律强制推动其发展。广西可充分发挥立法的引领和推动作用，加快推进广西高校风险管理地方立法工作，配套出台相关的地方性法规和管理条例等，让广西高校风险管理工作尽快有法可依。关于风险管理的指挥权，应立法明确由各市级政府负责，规定市级政府的风险管理指挥权、危机处理指挥权等。在风险未发生时，政府负责做好风险管理规划，组织相关部门对高校所面临的风险进行研究和预防。当灾害事故发生时，市级政府可以发挥积极作用，对武警、消防力量和医疗部门统一进行指挥调度，及时采取抢救措施。

（二）尽快建立全面的风险管理系统

发达国家的风险管理系统建立较早，其高校的风险管理成果得益于其完备的风险管理系统。如美国有联邦紧急事态管理局、全国校园危机管理中心；英国有对应的风险管理委员会、风险指导委员会、审计与风险管理委员会或风险管理办公室等机构，进行日常风险管理；日本设立了内阁情报调查室，对情报进行搜集、汇总、分析和利用；德国成立了联邦公民保护和灾难救援署。我们可成立风险管理机构，配套建立对应的部门，对风险信息进行搜集、分析和利用，不断研究风险发生的规律，加深对风险的科学认识，为风险预防和应对提供信息基础。在全国性的风险管理机构成立前，可以发挥地方管理的自主权，如成立广西高校风险管理系统，针对广西高校面临的自然灾害、意外事故、信用和责任等风险，组织进行信息搜集和研究。广西高校的风险管理系统，应配备相应的各类风险研究部门、消防救援部门、医疗救治部门、物质储备管理部门和心理医疗复原部门等机构。

（三）努力谋求社会力量的参与和支持

风险管理工作的开展光靠政府和行政力量还不够，一个完善的风险管理系统应该是全方位的、立体的，因此要动用一切可以动用的力量去建设该系统。

一是风险管理过程中物质调度的职能，应通过立法落实到政府部门，以便在发生风险事故时救援物资能够迅速调拨，以防各职能单位发生"踢皮球"现象，各方推诿责任，必然不利于救援工作的顺利开展。

二是政府需要与各个在风险事故中发挥作用的部门签订协议，并使用行政命令要求各部门在风险事故发生时，主动应战、积极参与救援，努力防止事态扩大。

三是政府需要带动社会力量，使其对风险管理工作给予一定的帮助和支持。例如，防灾救灾知识宣传需要社区的配合，各社区也在社区内通过张贴宣传海报、组织知识文化活动等方式，积极传播防灾救灾知识；鼓励私人医院、非政府组织自愿参与到灾害救治工作中，社区居民可以加入志愿者队伍中，以便迅速开展风险管理工作。

四是发挥保险分散、化解风险的作用。灾害发生时，对应险种的保险金赔付不仅可以减轻财政负担，还能为受灾部门和受灾家庭提供高水平的保护，帮助支持他们更快更好地开展重建工作。政府应当重视保险化解风险的作用，对于发生频率高的风险，可拨出专款或给予适当补贴，要求相关责任部门主动购买。

（四）切实加强危机意识的培养

我国高校缺乏风险管理系统，广西高校学生的风险意识更为薄弱。风险意识的培养是一项成本低、见效快的工作，广西政府和有关部门应该加快民众风险意识的培养。一是加强区级风险管理干部以及高校风险管理责任人的风险意识培训，以确保在高校面临较大风险时，其能够正确指挥、快速疏散，把风险损失降至最低；二是加强针对高校学生的风险宣传教育，大学生风险教育必须与时俱进，以激起大学生对防范风险、自救和救人等相关知识的学习兴趣。

此外，广西高校面临的主要风险之一是自然灾害，政府应该向各高校下拨专项经费，供学校组织灾害模拟演练使用。所有理论知识都会在实践中得到升华，灾害模拟演练能够加深大学生对灾害的印象，不断提高其防灾实践水平，使其在真正面临灾害时能够沉着冷静地应对。此外，政府还要鼓励和支持风险管理培训机构的发展，例如，降低风险管理培训机构的入门资质要求、给予税收优惠条件等。专业化的风险管理培训机构，可以给面临高风险的地区或高校提供更精准有效的咨询服务，帮助其整改、完善风险管理方案。

（五）尽快建立精准监测风险的平台

广西高校的风险管理系统，应在建立时就参照高水准去建设，利用好大数据时代的先进技术，尽快建立高校风险管理的数据平台。针对大学生风险管理，该平台可借鉴日本的相关经验，以大学生的学号为单位，将风险监控提高到可监测个人实时动态的水平。平台可以积极引入风险管理技术，设置相关事件风险值，当风险事故发生时，风险值会发生变化，超过可接受的范围即触发警报。学校可以根据学号以及与大学生匹配的其他信息，如该大学生的宿舍位置、舍友、同学等相关信息，快速展开搜救。该平台对自然灾害、意外事故等各种风险，都具有较高的参考借鉴价值。平台应该收录所有与风险管理相关的数据，包括区域自然灾害数据、平均的意外事故风险值的变动、大学生个人的健康风险数据（包括历年体检数据）、大学生家庭成员罹患疾病和遗传病史的数据、大学生病史数据，以及信用数据、大学生社交关系网数据等。由于该风险监测平台的数据涉及个人隐私，也关系到民众的健康素质状况，因此需要严格做好保密管理工作。

第八章

科学管控大学生风险
努力建设平安校园

要努力建设好平安校园，就必须科学管控好大学生风险。综合以上研究内容、结合广西高校的现实情况，我们从政府及教育主管部门、高校及学生、保险经纪人方面，提出了一系列科学管控大学生风险的政策建议。

一、针对政府及教育主管部门的政策建议

政府及教育主管部门是高校学生风险管理的主要角色，在高校风险管理工作中处于主导地位，作用巨大、不可替代。其主要工作包括以下四个方面：

（一）尽快完善相关法律制度，不断提高其可操作性

1. 尽快制定高校安全和事故预防处理的法律法规

2014 年，中国教育部出台的《教育重大突发事件专项督导暂行办法》，仅仅涉及教育监督层面，没有涉及高校安全和事故预防处理等方面。因此，政府及教育部主管机构可以考虑根据大学生风险等级的高低，出台科学的高校安全和事故预防处理的法律法规。例如《校园安全与风险管理法》或《高校学生风险应急指南法》，作为学校安全和事故预防处理的指引，弥补相关法律的空白，使高校学生风险管理做到有法可依、有据可循。

2. 实现赔偿责任准备金制度与保险制度的有效衔接

由于学校无法承担高校学生伤害事故巨额的赔偿费用，商业保险就成为防范与化解大学生风险的主要工具。但是，现代保险制度存在一定的缺陷，使得高校学生工作遭遇瓶颈，因此亟须建立新的高校风险保障制度。贵州省创立的《学生人身伤害事故预防与处理条例》，是国内首部地方性的立法，要求县级以上人民政府建立学生伤害事故赔偿准备金制度，并在实施中取得了积极的成效。贵州省的实践证明，赔偿责任准备金制度是高校风险保障机制的有效补充，应当予以推广，并实现其与保险制度的有效衔接，以期共同完善高校学生的风险保障机制。

（二）加强信息网络监管，减少负面消极信息的影响

当前，必须加大对于信息网络环境的监测力度，严格审核重大信息的发布，杜绝网上虚假消息的传播。我国政府网络监管部门应在"十三五"国家信息化规划的指导下，加大监管力度，定

期抽检网络环境的状况。对那些不经审核就直接发布不实消息的网站进行严格查处，并根据虚假消息带来的社会影响大小，制定不同的惩罚措施，这能够在一定程度上减少虚假消息的传播。从国家层面来讲，国务院应该推动网络监管相关部门重大信息发布责任机制的建立，敦促相关部门加强网络监管力度，严禁不法分子利用未经审核的重大信息炒作，避免掀起不必要的舆论风波。其他执行监管的部门则按照法律的规定严格执法，控制虚假或不实信息的肆意传播，保障大学生所处网络环境的安全，维持社会网络的良好秩序。

（三）强化宣传，提高社会对大学生安全问题的关注度

心理学的曝光效应显示，曝光率越高就越容易引人注目。政府应要求各有关部门充分利用各种媒体，采取多种形式，主动宣传大学生的安全问题，提高公众对大学生风险的认知度以及对大学生安全问题的关注度，并提高社会对大学生的关爱力度。另外，可考虑制作电子宣传手册与海报，投放在公共场所。同时，可利用各种网络媒体，适时推送关于大学生安全管理重要性的专题宣传片，以引起社会各界的重视。

（四）全面引入保险经纪人机制，提高社会化专业风险管理服务水平

如前文所述，保险经纪人是基于投保人的利益，为投保人与保险人订立保险合同提供中介服务，并依法收取佣金的法人组织和个人。其经营的业务主要是为投保人拟订投保方案、选择保险公司以及办理投保手续；协助被保险人或者受益人进行索赔；再保险经纪业务；为委托人提供日常的防灾防损或者风险评估、风

险管理咨询服务；中国银行保险监督管理委员会规定的其他业务。保险经纪人的报酬一般由承保的保险公司承担，投保人无须再花钱。但其工作中的过错或疏忽，使投保人的利益受到损害的，保险经纪人必须承担民事法律责任。可见，全面引入保险经纪人机制，既不用政府及教育主管部门花钱，又能够获得风险管理及保险技术服务，有利于提高社会化专业风险管理服务水平。为了提高服务效能，在实践中应该做好以下两点：

1. 通过统一招标的方式，筛选出具有优质风险管理服务能力的保险经纪人

政府与教育主管部门应该严格按照统一的招标流程，对保险经纪人的各方面，特别是风险管理技术水平及服务能力进行研究与考察，优中选优。为高校和大学生筛选出具有优质风险管理技术和服务能力的保险经纪人，以此提升学校风险管理的整体水平，减少后顾之忧。

2. 充分发挥政府的监管职能，采用奖优罚劣方式，加大保险经纪人行为的监管力度

在保险经纪人提供风险管理技术服务过程中，政府相应部门仍需要加强后续监督，发挥好政府的监管职能，维护好市场秩序。监管部门应该采用奖优罚劣的方式，加强对保险经纪人的行为监管，以防止其出现消极懈怠或不作为的行为。鼓励和引导保险经纪人科学评估风险与厘定费率，不断创新与完善校园保险产品体系，提供更加丰富和差异化的产品与服务，并且监督其帮助高校科学地评估大学生风险、开展大学生风险意识教育和宣传工作，不断完善其风险管理制度等。

二、针对高校方面的措施建议

高校始终是大学生风险管理的主要角色，在高校风险管理工作中处于核心地位，直接关系到大学生风险管控的成败。其主要工作包括以下三个方面：

（一）完善高校风险管理制度及规划，工作重心移向大学生

我国高校通常在安全事故发生后，才会意识到安全预防的重要性。由于绝大部分公立学校的经费是按照财政预算制度进行管理的，这使得学校当年的安全预防资金缺乏保障。高校应充分认识到风险造成的损失，比风险防范支出的成本更大。按照财政预算制度的有关要求，把大学生风险防范资金计入年度预算内，及时上报财政部门。同时，应该加大财政经费支持力度与风险防范资金投入，利用专门资金成立学生风险管理统筹部门，全面识别评估大学生风险，完善风险预防及应对机制。另外，现存的校园风险管理，很多侧重于财务风险管理及人才风险管理，高校应转变校园风险管理的方向，侧重点应该是大学生风险管理。高校需要正确认识自身的使命，把风险管理的重心逐步转移到大学生风险管理上，切实提高学生面临的显性、隐性风险的关注度，让大学生能够无忧无虑地学习与生活。

（二）重视高校学生风险转移，提高商业保险覆盖率

大学生风险转移的商业保险主要有校方责任险、学生意外伤害保险、大学生城镇医疗保险、学生实习责任保险等险种。各个

高校应积极响应政府与教育部门的号召，有效引导师生购买相关保险，切实提高商业保险的投保率，充分利用保险手段转移大学生风险。高校在投保相关保险后，也需要重视与保险机构的交流合作，切实提高风险管理效果。对于保险机构组织的研讨会等活动，高校应该高度重视，选派大学生风险管理的主要负责人到会，与保险机构加强合作与交流，了解各保险公司产品的保障范围、理赔的手续及风险管理知识，以便更好地为大学生风险管理工作提供服务支持。

（三）强化日常宣传教育，切实提高大学生的责任及风险防范意识

1. 基于建构主义学习理论，引导大学生对风险的认知

建构主义理论认为，学习环境包含"情境""协商""会话"和"意义建构"四大要素。大学生的领悟能力较强，他们能较快接受新知识的意义建构，高校应深入了解学生的认知行为发展规律及认知行为体系特点，加强教师、学校领导与学生的"协商"与"会话"，按其发展规律及体系特点开展新的风险宣传模式。例如，开办情景剧大赛，组织或参与编写各种形式的大学生风险管理宣传资料、手册，让学生参与到其中，这就能够达到引导大学生认知风险的良好效果。

2. 通过校园媒体，定期推送学生风险防范与应对知识

大学生面临危险时的自救教育，也是校园文化建设不可或缺的部分。高校可以通过校园广播、官方网站、微信公众号、微博、QQ等多元化媒体平台，及时推送风险防范知识、应对技能和相关案例。例如，高校可以规定校园广播每周固定一个时间播

报大学生的风险管控小故事，通过分析风险事故的成因等，找出防范与应对风险的有效策略；微信公众号中单独设置一个学生风险防范与应对知识的板块，方便大学生查询相关消息；学校微博每周一次推送不同类型的风险及其防范与应对的策略，定期上传大学生自制的风险预防小视频，不断提高大学生的风险防范与应对意识。

三、针对保险人及保险经纪人的措施建议

保险人又称为承保人，是保险市场上出售各种保险产品、提供技术服务的保险供给方。保险人通过设计并提供各类保险产品，提供风险管理服务，帮助高校及大学生承担、分散和转移各种风险，及时补偿经济损失，化解相关矛盾，从而维护高校平安稳定的运转。因此，保险人及保险经纪人在高校风险管理中具有重要作用。其主要工作包括以下七个方面：

（一）系统进行高校内部的风险环境分析

高校作为培养大学生的基地，其内部环境的好坏是学生能否安稳学习与生活的前提，对高校内部环境进行分析则是大学生风险管理的基础。大学生在学校生活（食、住、行等）的时间占比是最多的，这些活动中都可能存在不易察觉的各种风险。因此，保险人及保险经纪人应与高校保持密切的联系，深入学生学习生活的高校环境，对相关的风险管理行为、风险因素和风险文化进行详尽分析，及时发现和排查存在的风险隐患，并对高校内部管理机构的风险管理模式进行研究，找出现存风险管理模式的优缺

点，不断完善创新管理模式，为高校学生风险的识别与评估奠定良好的基础。

（二）科学设定大学生风险管理的目标

目标设定是对整个风险管理框架的规划，先有总目标才有后面的行动流程。组建高校学生风险管理制度的首要工作，就是科学确定风险管控的目标。大学生风险管理目标的总框架是防范、控制、减少和消除风险，再针对每一类别风险，单列管理项目模块，设定科学明确的具体目标。保险人、保险经纪人以及所有高校都要知悉，大学生的人身安全是高校所有工作开展的前提和保证，必须将保护大学生的人身安全，作为开展各项工作的首要目标。

（三）全面识别、科学评估大学生风险，及时提供风险咨询服务

保险人及保险经纪人应该充分利用风险管理理论，对大学生风险发生频率及损失程度等进行识别与评估，常用的方法为风险评价指数法（Risk Assessment Code，简称 RAC）。保险人及保险经纪人应该深入高校调查，研究大学生面临的各种风险，再按照风险特征将其划分为多个对应的等级，形成相应的风险评价矩阵，结合校园管理者与权威专家的看法，赋予相应的权重来评估风险，做到尽可能地评估大学生的各类风险，并且对各类风险进行排序，让高校风险管理主体分门别类地有效防范不同风险。

风险发生的概率一般分为五级：1级—频繁发生；2级—时有发生；3级—偶然发生；4级—很少发生；5—极少发生。损失严重程度也分为五级：a级—极其严重；b级—较严重；c级—有

点严重；d级——轻度；e级——极轻度。可以按照表8-1的风险评估矩阵，把风险的等级划分为很低、低、中、高、很高五个等级，再将结果填入表8-2。定期组织保险行业风险管理和社会机构等专家参与研讨会，参照表8-2制作出来的风险发生频率与损失程度等级表，及时为高校学生风险管理工作提供咨询服务，科学防范与应对不同级别的风险。

表8-1　风险评估矩阵

发生可能性（p）	损失严重性（s）				
	很严重（a）	严重（b）	一般（c）	轻微（d）	可忽略（e）
频繁发生（1）	（很高）	（很高）	（高）	（高）	（中）
时有发生（2）	（很高）	（高）	（中）	（中）	（中）
偶然发生（3）	（高）	（中）	（中）	（低）	（低）
很少发生（4）	（高）	（中）	（低）	（低）	（很低）
极少发生（5）	（中）	（中）	（低）	（很低）	（很低）

表8-2　风险发生频率及损失程度等级表

风险类别	发生频率	损失严重程度	风险等级

数据来源：根据作者公开调研数据统计整理。

（四）建立科学的风险预警机制，及时设计风险防范方案

一是建立风险预警机制，做到事前有效防范。高校学生风险预警实际上就是根据大学生风险行为的特点，收集风险资料信息，密切关注风险因素的变动趋势，并监测各类别风险偏离警戒值的范围，及时传递预警信号到风险管理部门，提前启动预防方案。触发机制关乎高校风险预警机制设立的成败，可以通过构建

评价指标制度，对各类别风险指标加以分析处理，并对评价指标体系进行综合测评，依据测评结果设置预警区域，对风险触发临界值进行估算①。

二是保险人及保险经纪人可以组织行业风险管理专家与学生风险管理部门的负责人，根据一段时间内收集到的风险测评信息，不断地完善风险预警机制，设计出更加科学合理的风险防范方案。

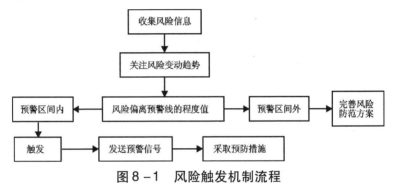

图 8 - 1　风险触发机制流程

（五）协助学校进行风险控制，健全学生风险应对机制体系，创新校园风险管理模式

1. 参照我国出台的风险应急方案，针对大学生风险特点制定应急预案体系

目前，我国的风险管理应急方案有《中华人民共和国消防法》《突发公共卫生事件应急条例》《地质灾害防治条例》等，

①苗娣. 校园风险管理研究［D/OL］. 武汉：武汉大学，2012［2012 - 04 - 01］. https：//kns. cnki. net/KCMS/detail/detail. aspx? dbcode = CDFD&dbname = CDFDLAST2015&filename = 1015026837. nh&v = MDU1NDlEa DFUM3FUcldNMUZyQ1VSTE9lWnVkdUZ5SGxXcjNBVkYyNkc3TzZHTm5QcUpFYlBJ UjhlWDFMdXhZUzc = .

与大学生密切相关的法律有《学生伤害事故处理办法》等。保险人及保险经纪人可以联合高校与教育管理部门,根据大学生风险及高校自身风险管理的特点,参照已有的风险管理方案与办法,制定详细的高校学生风险应急预案体系。

2. 帮助学校利用保险途径转移风险,实现大学生风险的有效转嫁

保险人及保险经纪人应该在学校定期开展形式多样的保险知识宣传活动,改变教师与学生对商业保险的错误看法,不能抱着侥幸心理,使他们认识到保险是转嫁风险的最好方式,是为了患病时有所医,意外时有所治,防患于未然的经济保障制度。同时,对不同险种的保障范围进行详细阐述,增强师生的投保意识,充分激发其潜在的保险需求意愿,并通过购买相关保险来进行风险的有效转移。

另外,保险经纪人应深入了解保险双方的需求,简化理赔手续,提高工作效率,不断提高服务质量。基于大学生风险特征与学校风险管理模式的特点,创新校园意外伤害事故保险保障体系;以学校和大学生的需求为出发点,提供差异化的保险服务与险种,最大限度地吸引师生投保,实现风险的及时有效地转移。

3. 创新"三位一体"的校园风险管理模式

以往校园风险管理的模式都是以单一行政管理为主,全面风险管理理论要求校园风险管理应结合规避、预防、抑制、自留和转移等多种方式,不仅配备具有专业、系统的风险管理知识的人员,而且鼓励学生参与到自身的风险管理中。把简易的事故处理转变为风险防范、应急管理和风险转移"三位一体"管理模式。

不仅要做到防范和控制好风险,同时要做到分散和转移风险①,保险经纪人应充分把保险手段融入学校"三位一体"的管理模式中,从而不断创新校园风险管理模式。

4. 改变由风险管理层单方面制定计划的现状,鼓励师生参与风险管理

保险经纪人作为服务提供商,应该会同高校学生工作部的老师,联合学生会组建由学生组成的风险管理协会,通过协会的学生及时了解到高校学生的风险状况。同时,保险经纪人定期对协会成员进行风险防范教育,构建协会的风险管理文化,在全校范围内举办妙趣横生的风险管理活动,让大学生自觉融入这些活动中。此外,也要改变学校单方面根据所收集到的风险信息,制定管理计划的局面,鼓励大学生参与到自身的风险管理中,实现学生与老师、领导及学校风险管理部门的有效衔接,努力做到全员参与风险管理。

5. 集合社会力量,提高大学生风险管理水平

(1)保险经纪人与消防、公安、防震部门和医疗机构加强合作,定期进校园模拟风险事故场景,给大学生传授风险应对技能

大学生风险管理需要社会多方力量的大力协助。这就需要政府、学校与社会把学生安全工作当成一个有机整体,完成各尽其责、相互协作、多措并举的"大安全"工作布局。地方政府应要

---

①苗娣. 校园风险管理研究 [D/OL]. 武汉:武汉大学,2012 [2012 - 04 - 01]. https: //kns. cnki. net/KCMS/detail/detail. aspx? dbcode = CDFD&dbname = CDFDLAST2015&filename = 1015026837. nh&v = MDU1NDlEa DFUM3FUcldNMUZyQ1VSTE9lWnVkdUZ5SGxXcjNBVkYyNkc3TzZHTm5QcUpFYlBJ UjhlWDFMdXhhZUzc .

求保险经纪人、消防、公安、防震部门和医疗机构加强合作，共同组建风险宣传与应对的队伍，定期进高校进行模拟演练，给大学生普及最基本的风险预防与应对策略、普及基本的医疗救助知识。

（2）组建心理与精神科的志愿医生团队，与高校心理咨询团队进行充分交流

虽然各高校心理咨询室的团队大都具有心理学专业背景，但是有些学生的心理问题已经达到了心理咨询都无法解决的地步，即已经属于精神病范畴。而这时咨询室的老师由于缺乏专业医学知识，可能无法及时做出判断，没有及时将学生转介到医院的精神科而导致悲剧发生。所以，保险经纪人应协调政府、高校及医院，合力推动组建心理与精神科的志愿医生团队，让其定期到高校坐诊或者与高校心理咨询团队交流，分析学生的心理问题，做出合理判断，减少大学生因心理问题而伤人伤己的事故概率。

（3）组建由具有教育、医学或法律等专业知识的专职调解员构成的仲裁协调机构

政府牵头在教育行政主管部门下设置仲裁协调机构，该机构不以营利为目的，其工作经费和调解员的报酬补贴由本级财政予以保障，由司法行政主管部门指导并对其进行监督管理。鼓励保险人及保险经纪人等多方参与独立的专业化调查，为事故纠纷的调查、评估和调解提供专家咨询，做到公平、公正、公开，不偏袒任何一方。让学校、教师能够把更多心思和精力用于教育教学上，而非疲于应对风险事故，学生与家长也能更好地维护自己的

权益①。

（六）充分利用大数据平台，建立统一的大学生风险数据资料库

2016 年 9 月 5 日，中国平安财产保险股份有限公司凭借其多年承保校园保险的经验和获得的理赔大数据，在"校园安全风险研讨会"上首次发布了校园安全风险白皮书。通过此经验可以得出，建立全国大学生的风险数据资料库是可行的，保险经纪人应联合高校及教育主管部门，出台完整的高校学生风险事故上报的具体流程。高校需要如实向上报告风险事件，充分利用大数据平台建立统一的大学生风险数据资料库，并对全国大学生的风险数据进行整理与分类，为各高校管理学生风险提供数据支撑，实现数据信息系统的建设与共享，形成网络数据化的风险信息平台。

（七）监控高校学生风险管理活动，协助高校定期总结与反馈管理效果

一是对高校学生风险管理活动进行连续监督，关注其风险变化趋势，帮助高校定期总结学生风险处理结果，反馈管理的效果。同时，加强与高校学生风险管理的信息交流，保证全面风险管理活动始终贯彻于设定的目标及其组织实施之中。

二是定期召集广西全区高校和保险机构、社会机构开展大学生风险管理论坛，经过集体研讨，汲取各行业风险管理的实践经验，不断完善大学生全面风险管理体系。

---

①阳锡叶，曹立志，喻超，等. 学生意外伤害事故谁买单？[EB/OL]. 中国教育新闻网，2013 – 10 – 08 [2013 – 10 – 08]. http：//www. jyb. cn/china/gnsd/201310/t20131008_ 554516_ 1. html.

四、针对大学生方面的建议措施

大学生是高校学生风险管理活动的主角，要提高大学生风险管控的效果，就必须教育引导他们做好以下四个方面的工作：

（一）树立正确的人生观与价值观，制定风险管理规划，理智应对挫折

大学生应该合理安排时间，多读名人著作，汲取伟人的成功经验；自觉参加学校组织的思想与价值观教育专题讲座，从主讲人的理论知识和丰富的人生经验中学习正确的思想与价值观。人生充满着各式各样的风险，大学生需要针对不同阶段可能面临的风险与挫折，预估可能产生的最坏结果，寻找最佳化解方法，制定人生风险管理规划，客观地对待自己面临的困难与挫折。

（二）增强自身风险意识，减少冒险刺激行为，远离风险因素

大学生作为成年人，应该严格遵循大学生行为准则，减少学校的管理负担，为自己的人身安全负责。例如，不要在宿舍里面使用学校禁止的大功率电器，以免引起火灾。另外，追求个性化、自由化的前提是保证自己的人身与财产安全，独自一人去陌生地方旅游探险是一种冒险刺激的行为，要三思而行，因为一旦遇到危险很难及时得到帮助。大学生不应该为了一时的享乐而忽略了冒险刺激行为带来的严重后果，应做到自觉地远离相关风险因素。

（三）积极参加学校的心理辅导课程与活动，提升心理调节能力

大学生具有较强的自尊心，这使得他们在遇到困难挫折时，选择把事情藏在心里，由于找不到合适的方式宣泄心理压力，负面的情绪可能会越积越多。为了能够身心健康地发展，大学生应该主动去选修高校设置的大学生心理健康教育的公共课程（应由教育部设置为必修课程），在课堂上积极与老师或者同学互动交流，及时完成课后老师布置的心理作业，从课程里面学习心理调节的有效方法。当心理压力无法得到缓解，甚至已严重影响正常的生活与学习时，大学生应主动寻求学校心理咨询团队的帮助，及时排解不良情绪，以免其愈演愈烈导致更严重的心理问题。

（四）加强日常学习训练，提高风险辨别力及自控力

大学生在日常生活中，要通过各种途径多学习风险防范知识，积极训练风险辨别力，多学习风险防范技能，以保自身安全，做到防患于未然。同时，要正确认识自身的经济能力，加强自身财务管理，要对自己的生活费仔细规划、量入为出，做到不过度消费，不浪费金钱；对超过自身经济能力负担的贵重物品，要再三甄别是否真的需要；做到不过度消费、不盲目借贷，防止陷入不良网贷的泥潭中而无法自拔。

第九章

广西高校学生风险防范及应急预案

基于上述研究及广西壮族自治区高校的情况，本章设计了一套《广西壮族自治区大学生风险防范及应急预案》，包括针对六大类自然灾害的防范及应急预案；八大类意外事故的防范及应急预案；八大类大学生行为心理风险防范及应急预案。这些风险防范及应急预案的贯彻落实，是提高大学生风险管控效果的关键工作。

一、自然灾害的防范及应急预案

自然灾害也叫自然风险，是指由于自然力的不规则变动导致物质毁灭或人员伤亡的风险。其发生会对日常经济生活、物质生产及生命造成损害，这种损害即自然风险事故。它具有三个特征：形成的不可控性、发生的周期性、所致后果的普遍性和严重性。广西属于自然灾害频发的省区，高校面临的自然灾害主要是台风、暴雨、地震、洪水、雷电、泥石流与滑坡、海啸灾害。因此，我们分别制定了这些灾害的防范及应急预案。

（一）台风、暴雨的防范及应急预案

1. 防范应急小组的组织机构和职责分工

（1）领导小组

组长：　　　　　　　　　　电话：

副组长：　　　　　　　　　电话：

成员：　　　　　　　　　　电话：

（2）职责分工

①根据防范预案，在事故现场指挥行动，把灾害事故消灭在初始状态。

②指挥现场人员有序进行疏散，及时撤离到安全区域。

③负责现场的应急救援任务分配和人员调度。

④把实际情况或可能造成的危害和救援事项，及时向上级部门报告。

⑤及时与消防等应急部门合作，提供相关建议和信息。

2. 防范预案

（1）加强防范宣传及台风暴雨预案演练。召开全校师生广播大会，向师生宣传台风、暴雨时期的安全知识，培养他们的安全防范意识，同时要进行实践演练。定期召开台风及暴雨防范主题班会，出版防范台风、暴雨安全专刊、黑板报，提高大学生的思想认识水平，增强其在台风、暴雨多发时期的安全防范意识。

（2）做好防台风的前期准备。在每年的台风高发月份中，要密切注意当地天气预报，与气象局及有关单位保持联系，确保信息传递的可靠性，做好汛情防范工作。

（3）要有效防范学校内涝。定期派人全面检查所有管道，全面检查排水设施，发现问题应该及时处置，一定要提前清障疏通，消除相关安全隐患。

（4）提前制定台风、暴雨等灾害性天气发生时学校的停课安排及具体应对措施。

3. 应急预案

（1）应急工作小组根据预案，在事故现场指挥行动，安排领导小组成员 24 小时轮流在校值班。值班人员应当在校园内持续巡视，若发现险情，应该立即向学校领导报告，降低事故造成的损失。指挥现场人员有序疏散，撤离到安全区域。负责现场应急救援任务分配和人员调度，把现场情况或可能造成的危害和求援事项，及时向上级部门报告，并与消防等应急部门合作，提供建议和信息。

（2）行动协调组应该听从指挥部指挥，负责组织协调任务分配和人员调度，维持好现场秩序，负责好警戒和保护好现场。

（3）医疗救护小组负责救护受伤人员，并及时与大学生家长取得联系。

（4）若建筑物在台风中发生倾斜、开裂，现场指挥者应立即组织应急人员引导师生撤离现场，疏散至安全区域，同时切断建筑物电源。若有人受伤，医疗救护小组要立即进行现场救治，迅速送到附近医院。在危险建筑物周围要设置警戒线，派专人密切观察建筑物状况。在城建局安全监察部门和有资质的房屋检测专业机构进行检测后，经他们同意，方可在确保人员安全的前提下，组织搬迁贵重设备和重要资料。

（5）若电线杆、树木或其他高架物倾斜，应立即组织人力进行支撑和加固。

（6）对不牢固的空中悬挂物或屋顶材料，要及时进行加固或拆除。

（7）及时关闭学校里面所有的玻璃门窗。

（8）在所有存在事故隐患的建筑物和高架物周围设置警戒线，把人员活动限制在安全的区域范围内。

（9）学校应当把人员受伤、财产损失和严重事故隐患情况，及时向上级部门报告。

（二）地震灾害的防范及应急预案

1. 学校抗震减灾防范应急机构的组成和职责

（1）抗震减灾应急领导小组

组长：　　　　　　　　电话：

副组长：　　　　　　　电话：

成员：　　　　　　　　电话：

（2）应急机构的职责

组长职责：在地震发生后，领导地震应急工作，统一组织、指挥协调抗震减灾及抢险的紧急救援工作。负责与现场抗震救灾指挥部和各级各有关部门的应急机构保持联系。

领导小组成员职责：

①迅速了解、收集和汇总震情、灾情，及时向抗震减灾应急

领导小组报告，及时与上级各有关部门的应急机构保持联系。

②协助地震现场工作组加强余震监视和震情分析。

③组织震害损失调查和快速评估，开展地震考察、宏观异常调查，了解和汇总应急工作的具体情况。

④负责报送地震灾害的新闻宣传报道。

⑤负责处理领导小组日常事务，办理抗震减灾领导小组交办的其他事项。

2. 防范预案

（1）加强应对地震灾害的求生演练。定时召开全校师生进行地震演练，向师生晓示地震期间的安全知识与安全意识，宣传地震安全、自救及等待救援的知识。召开地震主题班会，出版地震安全专刊、黑板报，告知使用的疏散路线和避难场所等情况，切实提高大学生的思想认识水平，增强其安全保护意识。

（2）组织开展对学校各类办公楼、大学生及教职工宿舍楼建筑群等，进行地震安全性评价、防震检查。根据各类设施的特点，制定地震应急预案，落实防震具体措施。

（3）加强对学校道路危险源的管理，坚持定期检查和维护，并制定出应对破坏性地震的具体应急措施。

（4）管理处及各部门要结合需要，事先做好地震救灾物资的储备，以备应急救援的需要。

3. 应急预案

（1）一般性地震的应急反应。该类地震发生后，抗震减灾应急领导小组要迅速了解震情、灾情，确定应急工作规模，并将震情、灾情和应急工作情况报告抗震减灾指挥部，宣布灾区进入震后应急期。抗震减灾应急领导小组立即进入工作状态，组织实施地震的应急预案，部署地震应急工作。

（2）发生破坏性地震后，领导小组即刻转为抗震救灾指挥部，组织实施学校面对破坏性地震的应急预案，组织开展震后的抢险救灾工作。

（3）抗震救灾指挥部成员必须立即进入各自岗位，认真履行各自职责。

（4）根据灾情，及时组织救援队伍执行任务，迅速开展自救互救。

（5）各班要迅速疏散教室内的大学生，抢救被压、被埋人员。

（6）尽快建立避难场所，妥善安置受伤的师生。

（7）及时上报灾情和抢险救灾情况，接受上级有关部门的指导。

（8）积极协助有关部门，及时做好伤员的救治工作。

（三）洪水灾害的防范及应急预案

1. 防范应急领导机构职责

（1）领导小组

组长：　　　　　　　　电话：

副组长：　　　　　　　电话：

成员：　　　　　　　　　电话：

领导小组下设办公室，办公室设在学工处，学工处处长任办公室主任。

（2）基本职责

①全面掌握汛情、灾情和各类动态等消息，按重要信息汇报

制度在第一时间报送防汛重要信息，保证信息渠道畅通。协调有关部门和单位共同做好学校的防汛和抢险工作，做好学校防灾、抗灾和灾后恢复教学活动的指导工作。负责检查、监督学校防汛措施的落实情况，负责检查、监督学校的防汛安全，维护学校正常教学秩序，负责学生的防洪水、交通安全教育，指导协助学校在危险期做好大学生的撤离、疏散工作。及时了解并上报有关学校的防汛工作情况，向上级防汛领导组提供需要了解的防汛信息材料。

②负责校舍的安全，指导协助学校做好校舍隐患的排查、整治工作。负责关闭、拆除危房，确保师生安全，杜绝人员伤亡。

③负责学校防汛项目的经费安排，并根据实际险情，积极筹措资金，确保项目资金及时到位，保障受灾学校师生的生活必需品的供给。

④负责协助学校做好人员、教学资料的安全转移，防止二次灾害发生；负责协助做好学校救灾工作，协助受灾学校安置师生人员，安排好师生的教学活动，帮助学校尽快恢复、重建校园。

⑤负责通过网络做好学校防汛情况的上传下达及宣传报道工作，协助学校做好教学设备的转移与保护工作。学校广播人员通过学校广播、喇叭等工具，第一时间向师生发布汛情、平息谣言，统一指挥师生进行安全撤离。

2. 防范预案

（1）加强防汛宣传，营造浓厚的汛期安全防范氛围。召开全校师生广播大会，向师生晓示汛期安全知识与防范意识。定期召开汛期主题班会，出版汛期安全专刊、黑板报，提高大学生的思想认识水平，增强汛期安全意识，并且告知学生疏散路线和避难场所等情况。

（2）安排学校保卫部门人员每天排查校园内易于引起水灾的隐患，及时做好排查记录；领导小组每天定时收集保卫科的排查情况，做到及时发现问题，及时解决问题。

（3）每天密切关注省、市、县的天气预报情况，以提前做好防范准备。

（4）一旦突然出现大的涨水现象，学校应该立即组织疏散大学生，让大学生到达安全地点，并向教育主管部门汇报，及时与学生家长取得关系。

3. 应急预案

（1）在汛期内，密切关注天气变化，一旦发觉天气突变或接到上级通知，务必提前做好应急准备。在汛期内放假的学校，一定要加强对住校大学生的管理，继续上课的班级要及时清点人数。

（2）当风力达8级以上，日雨量达50.1毫米（即暴雨标准）以上，或气象等有关部门发布暴雨将达到起始标准后，各学校防汛工作领导小组及负责人必须立即到位，加强值班，严格执行报告制度，在汛期必须坚持24小时值班和报告制度；做好防汛值班记录，做到上情下达，下情上报。值班领导和人员遇到突发事件或灾情，及时下达临时紧急处置指令，并迅速向各级政府分管领导、教育局领导汇报。

（3）对所辖学校校舍安全状况和学生上学、放学交通安全状况要做到心中有数。要在全面检查的基础上，突出重点地区、重点学校和重点教室，特别注意检查原危房和受雨水侵蚀新产生的危房中的隐患。对已经存在的安全隐患，要区别不同情况，采取针对措施，及时除险加固。对于已被鉴定为危房的房子，要坚决封闭停用。对重点监测的地质灾害点，所在学校要组织专人监测，遇到紧急情况，应该按相关规定处理，确保师生的人身安全和财产安全。

（4）当气象台发布暴雨警报时，学校防汛领导小组成员必须立即全部到位。及时向各学校、年段、班级、教学点通知防汛信息，通报风情、水情、雨情。各学校要根据各自的职责，加强值班，进一步检查落实各项防汛应急措施，组建各类防汛抢险队伍，落实好抢险物资供应。

（5）当暴雨袭击或者有关部门发布紧急警报时，学校防汛工作领导小组要立即召开防汛紧急会议，或立即通过局域网进行紧急部署。各学校要把防汛工作作为压倒一切工作的头等大事来抓。要按防汛指挥网络形成指挥体系，各部门和有关人员要按各自的职责进入指挥岗位。暴雨和洪水过后，要及时对校舍进行清扫和消毒处理，努力预防传染病的流行和蔓延。

（6）在遇到暴雨突发性灾害天气时，学校总务部门要迅速组织人员及时检查疏通排水，做到排水畅通；要组织专门力量，对学校易倒塌、易滑坡、易积水的情况进行监测，及时报告灾情，监督学校有关人员到位、到岗，确保学校排涝设施全过程、满负荷运转；必要时要及时组织足够的临时排涝设施进行强排，确保师生的生命财产安全。

（7）当遇到暴风雨袭击时，学校应及时把校舍倒塌、师生受伤情况在第一时间报告防汛工作领导小组，由防汛工作领导小组立即向上级主管部门以及教育局报告，及时查明是否有人员被困。如发现人员被困，要火速组织营救，并做好伤员的抢救工作，转移和安置好师生。各学校必须牢固树立"安全第一"的思想，切实落实好安全工作的责任制。要特别注意预防洪水、滑坡、泥石流等自然灾害。要加强与有关部门的密切配合，及时掌握灾情预测预报，制定各项汛期的安全工作措施和应急预案。各学校要根据校内的特点，立即进行一次全面排查。凡有安全隐患的学校，要立即转移到安全的地方上课。必要时要采取停课等紧急措施，确保师生的生命财产安全。各学校在汛期期间，严禁组织大学生外出及组织重大活动。学校要通过多种形式，有针对性地对师生开展汛期安全教育，增强防范意识和自救、自护的能力，做到防患于未然。学校一旦发生汛情，防汛工作领导小组应立即根据灾情，联系有关部门及时赶赴现场，做好抢救、转移和安置受灾师生的工作。

（8）加强值班和报告制度。在预警期内，防汛领导小组成员和各学校要高度重视，切实负起责任，随时监测水情，以应对突发的洪水险情。要执行 24 小时值班制度。必要时，必须准备好抢险队伍，组织处理好各种突发灾情，第一时间向上级防汛领导小组报告。要严格执行重大事故报告制度，一旦发生事故，在采取有效措施及时处理的同时，立即向上级教育行政部门报告，不得拖延、更不得隐瞒不报。

（四）雷电灾害的防范及应急预案

1. 防范应急领导小组职责及分工

①总领导小组

组长：　　　　　　　　　　电话：

副组长：　　　　　　　　　电话：

成员：　　　　　　　　电话：

职责：负责组织协调和检查校园防雷电工作，掌握校园防雷电工作动态，提出预防对策和措施，切实加强对防雷电工作的领导。事先制定好应急预案，完善应急机制。建立由校园主要领导和处室负责人参加的防雷电抢险工作队伍。当事故发生时，下达启动防雷电应急预案命令，依据上级批示和现场情况，适时决策、发布指令、组织指挥灾情的处置工作。

②预警信息组

职责：收集整理各类信息资料，关注气象分析，及时掌握雷电灾害信息，进行分析研究，为领导决策提供依据，当雷电事故发生时，及时掌握防雷电应急处置工作进展情况，做到上情下达，下情上报。

③现场处置组

职责：及时调查收集事件的起因、现状、发展趋势等信息，并向领导小组报告；及时疏散人员，尽快清理现场，抢救伤员，尽量把损失降到最低，迅速控制事态蔓延；根据现场情况，及时保护好各种证据。

④安全保卫组

职责：负责事故现场的警戒，人员、车辆疏散，现场秩序的维护，阻止无关人员进入现场，积极配合医疗、公安部门及时施救，防止事态扩大。

⑤后勤保障组

职责：负责保障处置现场的车辆调动、人员调集和工具、设备物资的管理及供应。

2. 防范预案

（1）提高对校园防雷工作重要性的认识。把防雷电灾害工作纳入校园重要议事日程，针对季节性特点，积极研究防范措施，落实防雷电灾害工作预案。

（2）加大宣传教育力度，不断提高师生抵御雷电伤害的意识和防范能力。各校园要把防雷电知识的宣传教育和校园其他安全教育结合起来，多形式、多角度、多层面加强对师生防雷电安全知识的教育；开展应急预案演练，举办防雷电知识讲座，提供防雷电知识咨询服务，掌握雷电突发时的各种防范技能。全面提高师生员工的依法防雷、科学防雷、主动防雷的意识和自救、自护能力。各学校要加强对校园防雷电工作人员的培训，努力提高校园防雷电灾害的工作能力。

（3）切实抓好防雷电安全检查工作。

①按规定安装防雷电的设施，制定防雷电装置的检查维护制度，安排具有防雷和电气知识的人员负责日常检查维护工作。雷雨季节前后更应加强检查，及时排除防雷电装置的一切故障。

②自觉接受气象部门防雷中心的检测服务，取得《防雷电装置检测合格证》。新建建筑物应当具有防雷电装置检测机构出具的检测报告。

③定期对校园校舍、围墙的电路进行检查，发现隐患及时整改，确保当雷电来临时，校园的校舍电路安全、无任何事故隐患。

（4）对于校园的图书室、电教室、微机室、实验室等教室，必须要做好定期检查防护工作，特别要注意化学药品的安全存放，切实做好防雷电灾害工作。

（5）建立雷电灾害隐患台账，及时清除一切不安全设施，并采取有效措施消除隐患。

3. 应急预案

（1）发生雷电灾害事故时，发现人应当立即报告校园防雷电灾害应急工作领导小组；在紧急情况下，要及时拨打110、119报警。有伤亡、火灾、爆炸事故发生时，应当立即保护好现场，并迅速组织抢救人员和财产。

（2）事故发生后，领导小组及现场处置组应在第一时间赶到事故现场，按照制定的应急救援预案，立足自救或者实施救援。

①当雷电引起人员伤亡、火灾、爆炸的，应及时实施消防、医疗救护、人员疏散等措施，努力保证广大师生的人身安全。

②迅速控制危害源，并对危害源造成的危害进行检验、监测，测定事故的危害区域和危害程度。

③立即向上级教育主管部门安全应急领导小组报告灾情。

④派专人保护好现场。

⑤保证通信设备设施完好，内外、上下主要信息联络畅通。

（3）当被雷电击倒的人的心脏活动和呼吸停止时，应采取人工呼吸和体外心脏按压的方法，及时进行抢救，同时尽快拨打120请求救助。

（4）因雷电导致电脑网络故障时，除了检查在线设备的损坏程度以外，对不在工作状态的网络设备和电脑都应做好全面的检查，以便及时发现问题，并采取相应的措施及时处理，努力把损失降到最低限度。

（5）对于较大的雷电灾害事故，学校应当在事故发生后的第一时间，将事故发生的时间、地点、起因、后果、已采取措施等情况，报告上级教育主管部门的安全应急领导小组和安全稳定管理办公室。校园值班电话和校长的手机24小时开通，切实做好上情下达和下情上报。

（6）参加抢险救援的工作人员，在事故应急领导小组的统一指挥下实施救援，不得随意拖延、推诿，应当及时采取有效措施，减少事故损失，防止事故的不断蔓延、扩大。

附：注意事项

（1）事故发生后，救灾过程中要提前考虑是否应切断电、气、水源等，以避免次生灾害的发生。

（2）如雷击建筑物致使受损严重的，应通知有关部门进行安全性鉴定评估。

（3）当雷电引发火灾时，要启动相应的消防应急预案。

（4）实行责任追究。对未依法履行安全职责，违反安全规定的行为，或在事发应急过程中不听从指挥、不服从安排，酿成严重后果的，由学校依照有关规定，对责任人给予行政纪律处分或者其他处罚。因渎职、失职或者管理失控发生事故，并造成恶劣影响的，由有关管理部门和公安机关依照法律规定予以处罚。构成犯罪的，要依法追究其刑事责任。

（五）泥石流、滑坡的防范及应急预案

1. 成立防范应急领导小组

组长：　　　　　　　　　电话：

副组长：　　　　　　　　电话：

成员：　　　　　　　　　电话：

2. 防范预案

（1）加大宣传教育力度，提高山区高校师生防范泥石流、滑坡的意识和防范能力。各山区校园要把防泥石流、滑坡知识的宣

传教育与校园其他安全教育结合起来，多形式、多角度、多层面加强对师生的安全知识教育，开展应急预案演练，举办防泥石流、滑坡知识讲座，提供防泥石流、滑坡知识咨询服务，掌握泥石流、滑坡突发时的各种防范方法、减轻危害的常识，以及疏散路线和避难场所等情况。

（2）制定预警制度

①坚持灾害险情巡查。山区学校相关人员要进行定期和不定期检查，加强对山体滑坡及泥石流重点区域的监测和防范。

②实行灾害预报预警。预警信息管理组要根据实际情况，建立以预防为主的地质灾害检测、预报、预警体系，形成严密的防汛、气象、地震等地质灾害检测网络，根据滑坡及泥石流出现的预兆，对危险源进行监控。当预警信息组判断某个区域有可能发生山体滑坡及泥石流灾害时，应立即向应急领导小组进行报告，应急领导小组要及时做好防灾的各项准备工作。

③信息报告与防范措施。此类灾害的防治要贯彻"及早发现，预防为主；查明情况，综合治理；力求根治，不留后患"的原则，当发现可能引起滑坡及泥石流的不利因素时，要及时向应急领导小组进行报告。

3. 应急预案

（1）应急小组在研究解决出现的山体滑坡、泥石流、河岸坍塌等自然灾害时，要及时分析解决学校在处理中遇到的问题，确保事故处理工作能够迅速有效地开展，努力减少人员伤亡，避免事故扩大，力争把损失降低到最低限度，并妥善处理好善后事宜。

（2）检查督促存在隐患的山区学校做好预防和应急处置工

作，及时有效控制事故的扩大蔓延，检查事故发生学校的整改情况。

（3）调查大学生上学、放学必经的路线和学校周边的山体情况，根据情况采取相应的防范措施。

（4）发生山体滑坡、泥石流险情时，必须以生命为第一，尽力采取保护和自救措施，及时组织人员向安全地点疏散，事后及时施救，并将事实情况通过既定汇报程序及时向上级汇报。

（5）逢大雨天应该坚持 24 小时值班制度，当发生险情时，尽快协调组织好抢险工作。

①当学校四周发生山体滑坡、泥石流险情时，要及时向教育主管部门和当地政府相关部门报告。具体程序如下：班主任、教师（或接到大学生报告的教职工）→校长→当地政府主要领导→教育主管部门。

②学校突发事故报告的内容包括：事故发生的时间、地点（单位）、事故简要经过、人员伤亡、财产损失情况、可能的原因、已采取的措施、面临的问题、事故报告单位和报告时间等。

③由突发事件应急处置领导小组及时对报告的信息进行分析，并立即召开领导小组会议，讨论决定是否启动应急处置预案。

（6）对符合本预案适用范围规定情况之一的，由突发事件处置领导小组立即启动本应急预案处理工作程序。根据事故性质、危害范围等，立即安排人员进行救援、抢险、事故调查，开展应急处理工作。必要时报经当地政府同意，请有关部门参加。在发现险情时，应坚持先救人、后抢物的原则，切实做好人员（特别是大学生）的安全转移工作，要按照计划有秩序、有组织地将人员转移到牢固的楼房或附近居民家中，尽最大努力避免人员伤亡事故的发生，确保大学生人身安全。学校物资方面，要根据可能出现的灾情，制订应急措施，按照转移、垫高或转放楼上等方法制定预案。其中，易爆、易燃危险化学品等要按数登记造册，进行严格管理，贵重物品转移途中一定要明确专人负责。

（7）突发事件应急处置领导小组办公室，要健全日常的学校突发事件信息报告系统，确保信息 24 小时畅通。

（8）突发事件应急处置领导小组要根据应急处理工作需要，负责协调、组织有关人员参加事故处理，并及时提供必要的资金。

（六）海啸灾害的防范及应急预案

1. 成立防范应急领导小组

组长： 电话：

副组长： 电话：

成员： 电话：

2. 防范预案

（1）沿海附近的学校，需要定期组织开展预防海啸的宣传教育活动，充分利用互联网、电视、广播、报纸等平台，开展海啸灾害基础知识、防灾避险、自救等知识的宣传教育，组织沿海学校学习海啸灾害常识及防范自救等知识，增强群众的防海啸灾害意识，掌握应急基本知识和技能。

（2）各级防海啸灾害应急部门应定期进入校园组织师生举行应急演习，以检验、改善和强化学校及大学生的应急准备和应急响应能力，提高海啸灾害应急能力。多个部门联合进行专业演习，由省区防海啸灾害指挥部负责组织，一般2~3年举行一次。

（3）海啸预警级别按照国土资源部、气象局的预告或上级部门发布的信息为依据，在校内进行预警发布和防范。预警信息可以通过校广播台、校园网络、公告栏，必要时还可通过手机短信等方式进行发布。

（4）近海的学校要建立健全应对海啸突发事件的信息管理系统；建立和完善定期会晤机制和演练机制；各部门依据工作职责，做好突发事件专项应急工作和预警、应急保障工作。

3. 应急预案

（1）学校收到气象部门等的海啸警报后，应立即停止各类露天的集体活动，全校有必要及时停课，应急小组马上按照学校的应急指示行动指南，组织师生转移到安全区域，然后请求救灾指挥中心的援助及进一步指示。

（2）充分与防海啸应急工作相关部门保持联系，做好相关保障措施：①通讯与信息保障；②资金保障；③物资保障；④应急队伍保障；⑤供电保障；⑥交通运输保障；⑦治安保障。

（3）大学生不小心落入水中时，尽可能寻找可用于救生的漂浮物，尽可能地保留体力，沉着冷静应对，等待学校应急小组或救灾部门的救援。

（4）落水者被救上岸后，最好能放在温水里恢复体温，没有条件时也应尽量裹上被、毯、大衣等物进行保温。注意不要采取局部加温或按摩的办法，更不能给落水者饮酒，饮酒只能使其热量更快散失。学校救援小组可给落水者适当喝一些糖水，补充其流失的水分和能量；学校应急小组或救灾部门要及时清除落水者鼻腔、口腔和腹内的吸入物，防止其窒息死亡；落水者从水中被救出后，若身体受伤，应立即对其采取止血、包扎、固定等急救措施，重伤员则要及时送医院进行救治，同时尽量查明其身份，及时联系班级的辅导员或者家属，尽快赶往医院。

（5）海啸灾害过后，应及时排除其带来的安全隐患，并积极开展灾后的校园重建工作。

二、意外事故的防范及应急预案

意外事故是由于个人或团体的过失行为、故意或不当行为等所致的损害风险，是危害大学生人身安全的主要风险。我们所知的意外事故主要有火灾、爆炸与恐怖袭击、集体踩踏事故、交通事故、安全用电事故、盗窃与抢劫、食物中毒、一般传染病，故分别制定了这些意外事故的防范及应急预案。

（一）火灾的防范及应急预案

1. 防范应急领导小组及其职责

组长：　　　　　　　　电话：

副组长：　　　　　　　电话：

成员：　　　　　　　　电话：

主要职责：

（1）加强领导，健全组织，强化工作职责，完善应急预案的制定和各项措施的落实。

（2）充分利用各种渠道进行消防安全知识的宣传教育，组织、指导全校消防安全常识的普及教育，广泛开展消防安全技能训练，不断提高广大师生的防范意识和基本技能。

（3）认真搞好各项物资保障，严格按预案要求积极储备，落实饮食、防冻防雨、教材教具、抢救设备等物资准备工作，强化管理，使之保持良好战备状态。

（4）采取一切必要手段，组织各方面力量全面进行救护工作，把灾害造成的损失降到最低点。

（5）调动一切积极因素，全面保证和促进高校工作安全稳定。

2. 防范预案

（1）高等学校必须建立切实可行的消防制度，努力防范火灾事故。

（2）配齐合格的消防器材，按照标准安装应急照明灯及疏散标志，并定期检查，保持其完好，保证随时可以正常使用。

（3）严格禁止大学生携带烟花、爆竹、火柴、打火机等易燃易爆物品，或违禁化学物品进校。

（4）加强实验室管理，易燃易爆实验用品要有专人负责保管，随用随领。实验用品的使用必须严格管理，教师在课业安排领用前做好登记，使用前必须向大学生说明使用方法、使用过程发生意外的处理方法等，在确保大学生能合理使用、发生意外能科学应对的前提下，方能开展教学活动。

（5）要有专人经常检查电路电线、电器设备等，发现问题应该及时整改。对老化、有安全隐患的电路或电器设备要及时更换，努力排除安全隐患。

（6）严格校内用火、用电、用气和锅炉的管理。对食堂、仓库、实验室、图书馆、宿舍等地，要严格按照防火管理规定使用。必须定期做好检查工作，对于违规使用现象要尽早发现、尽早处理。

（7）加强对大学生防火安全教育和管理。不得擅自拉设电线或使用学校规定以外的电器。

（8）校舍的楼梯、楼道、楼门等严禁堆放杂物，上课时教室的前后门不得上锁，必须保持其随时畅通。

（9）定期向教师、大学生传授和普及防火、灭火、逃生知识，每学期组织开展逃生演练。学校组织开展集体活动前，也要制定防火应急预案。

（10）不鼓励大学生到火场救火，禁止到烧烤场以外的地方进行野炊。

3. 应急预案

（1）获得火灾信息的任何人员，都应当在第一时间拨打119报警电话，同时向值班领导和单位领导报告。学校应该及时安排人员，在路口接应消防车。

（2）学校立即启动火灾应急预案，并将学校火灾状况及时向当地政府和教育主管部门报告。

（3）在起火点现场的教职员工，要严格依据起火原因，正确使用消防栓、灭火器材等工具，努力进行灭火自救。

（4）校舍发生火灾时，当班或值班教师要在第一时间迅速判断火灾情况。若能冲出火灾区，应指导大学生用毛巾浸水后捂住口鼻，低身有序地沿楼梯到达底层地面的开阔地。下楼梯时，一定要有秩序地撤退，不可拥挤、推搡，防止发生踩踏事故。如果火灾太大，一时不能跑出火灾区的，应采取其他应急措施等待援助。

（5）各救援小组迅速赶赴指定位置，在楼梯口、拐弯口、叉道路口引导大学生安全撤离。抢救小组在消防队到达之前应该全力灭火，控制火势，保障应急照明，为安全疏散创造条件。在集合地点对学校所有人员进行清点，寻找滞留在现场的人员。

（6）救护小组应当迅速开展以抢救人员为主要内容的现场救护工作，及时将受伤人员转移，并送至附近的医院进行抢救。

（7）警戒小组要立即在事故现场和学校周围设置警戒线，维护现场秩序，引导外部救援人员进入现场，同时保护好学校财产安全。火灾扑灭后，必须根据应急总指挥或消防部门的命令，方可解除学校周围警戒线和事故现场的警戒线。

（8）协助有关部门做好灾后的疫情监测监控，生活用水的消毒与监测，食品卫生检查监控和被污染环境的消毒处理等工作。

（9）了解师生及家属的基本情况、做好受伤者及死者家属的稳定、慰问工作。对于需要心理疏导的大学生，应该尽快安排心理老师对其开展心理疏导、做好抚慰工作。

（10）尽快恢复被破坏的水、电和通信设施，保证正常供应和使用。

（11）在事件原因未查明之前，任何个人不得私自对外发布信息。

（12）对有人员伤亡或财产损失的事故，应该及时通知保险机构进行查勘。

（二）爆炸、恐怖袭击的防范及应急预案

为了维护高校师生生命安全，应对犯罪分子和对社会不满、生活失意、心理变态分子在校园内实施的校园爆炸、恐怖袭击事件，有效控制现场事态和稳妥处置善后事宜，最大限度地减少恐

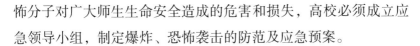

怖分子对广大师生生命安全造成的危害和损失，高校必须成立应急领导小组，制定爆炸、恐怖袭击的防范及应急预案。

1. 防范应急领导小组及其原则

学校应急领导小组组长：校长（校长在岗，校长决策，支部书记协助。如校长不在岗，按副校长、党支部书记顺延替补）

组长：　　　　　　　　电话：

副组长：　　　　　　　电话：

成员：　　　　　　　　电话：

基本原则：

（1）坚持师生生命安全高于一切的原则。采取"预防为主、积极处置"的方针，尽一切努力杜绝或减少校园爆炸、恐怖袭击事件的发生，尽一切努力减轻恐怖袭击造成伤害的程度，减小造成危害的范围。

（2）主要依靠公安、武警力量的原则。教职工应有基本的自卫意识，及时寻找可以自卫的工具，既要保护大学生，也要保护好自我，不到万不得已，不直接参与搏斗救人的活动。

2. 防范预案

（1）学校应联合公安机关等部门，定期开展爆炸、恐怖袭击的演练，加强防爆知识安全教育，提高师生识别爆炸、恐怖袭击和防范爆炸、恐怖袭击的能力，并训练和培养师生在爆炸、恐怖袭击等恐怖活动中的自救能力和互助能力。

（2）通过校园广播、网站、报刊、横幅等多种形式，加强风险防范宣传，提高全校师生的安全及风险防范意识。

（3）学校保卫处应该提高校园进出口的排查力度，严格执行来访人员的登记制度。加强校园巡逻的力度，发现可疑事件应该立即进行妥善处理。

（4）加强对师生的法制教育、安全教育及心理健康教育，增强师生的法制意识和自我保护意识。

（5）落实技防措施，加强对报警设备和监控设备的检查和管理，确保设备运行正常；按时开关报警及监控设备，坚持每天调阅监控录像，及时发现隐患及犯罪分子的蛛丝马迹，及时采取相应措施，尽快将问题隐患消灭在萌芽状态。

（6）使用好人防、物防、技防力量，并及时准确地进行紧急报警。

3. 应急预案

（1）发现可疑分子进入校园，应立即报给安全员，由安全员迅速报给校领导，必要时拨打110报警电话。

（2）学校发生恐怖分子闯入校园袭扰师生的事件时，应该立即启动预案，校长第一时间向110指挥中心及教育部门报告，并迅速组织师生进行转移，等待救援。

（3）学校内发现不明物体（装置），要立即向公安部门和领导小组报告，并及时设置隔离带，封锁和保护现场，同时迅速组织学校师生紧急疏散，等待公安等有关部门进行处理。

（4）发现可能发生爆炸事件时，学校安全员应立即启动应急处置预案，迅速拨打110报警，并向校领导报告。同时可以进行先期处置，组织教职员工冷静、机智地对歹徒进行有效劝说，尽量延长爆炸时间，并用锅、盆、桶、瓢装满自来水作为防护工具。尽快组织部分教职员工将大学生迅速疏散出教室，撤至安全地带。校领导接报后，应及时赶到现场，组织安全员与先期处置的教职员工共同对歹徒进行劝导，尽量延迟爆炸时间，等待公安民警的到来。当劝说无效时，大学生又未撤离危险地区，校领导和安全员应将预备的自来水连续不断地泼向歹徒的炸药包和火种（如打火机、火柴、点燃的香烟），浇湿其炸药和火种，使其失去点燃机会。另外，应该积极与歹徒进行周旋，等待公安民警的到来，确保大学生的生命财产安全。

（5）学校发生爆炸事件后，迅速组织人员进行救援，并立即向公安等部门和上级报告。及时设置隔离带，封锁和保护现场，迅速疏散师生，迅速采取有效措施消除继发性危险，防止次生事故发生。同时要认真配合公安消防部门，做好物证搜寻、排除险情的工作，防止再次发生爆炸事故。

（6）安全员一旦发现大学生被绑架，应先判明歹徒绑架大学生的时间、地点、人数、性别、年龄、逃跑方向和运输工具，并立即拨打110报警，迅速向校领导报告。同时进行先期处置，迅速组织在场的教职员工对歹徒进行劝说，了解他的目的。若歹徒不愿沟通，强行将人质带到公共场所和公路时，应快速简要地向在场的群众说明情况，并向他们求助。校领导接到报告后，组织教职员工做好校内大学生的安全防护工作。同时，组织部分教职员工增援先期处置的人员，对绑架大学生的歹徒进行围追堵截，沉着、冷静地对歹徒进行劝导，防止歹徒情绪恶化，危及被绑架大学生的人身生命安全。相关负责人也要派出适合人选，机智、勇敢地与歹徒进行周旋，等待公安民警的到来。

（7）当歹徒持刀进入校园时，安全员应迅速判明歹徒行凶的意图和对象，启动应急处置预案，迅速拨打110报警，并向校领导报告。同时进行先期处置，立即组织教职员工，将在公共活动区的大学生迅速集中到教室，紧闭门窗，用课桌、木柜顶住门窗，防止歹徒破门窗而入。若歹徒强行进入教室，教职员工应用木椅等工具对其进行打击，确保大学生的人身安全。校领导接报后，应及时赶到现场，组织其他安全人员及教职员工用椅子、扫帚等物作为防护和打击工具，对歹徒进行有效威慑，并尽量拖延时间，等待公安人员的到来。

（三）集体踩踏事故的防范及应急预案

为了进一步加强大学生安全工作，预防拥挤踩踏事故，提高大学生的安全意识和安全素养，高校必须成立应急领导小组，制定集体踩踏事故的防范及应急预案。

1. 成立防范应急领导小组

组长：　　　　　　　　　电话：

副组长：　　　　　　　　电话：

成员：　　　　　　　　　电话：

2. 防范预案

（1）加强学校内部的安全管理

①加强学校领导带班、教师值班制度。带班领导、值班教师必须保持通讯畅通，增强岗位角色意识、岗位安全责任意识。在大学生集中上操、集合、就餐、下晚自习等上下楼梯时，要有值班人员、任课教师进行组织和疏导。

②实施分时段分走楼梯制度。为避免大学生集中上下楼梯时过于拥挤，学工部门应该采取大学生分时段、分年级、分班级逐次分走楼梯制度，并安排值班人员负责维持秩序。一定要强调安全第一，不要强调整齐快速。

③强化对晚自习的管理。晚自习的全体值班人员必须到位。

出现停电等紧急情况时，要及时开启应急照明设备，同时带班领导与值班老师要立即在现场进行疏导。

④合理安排班级教室。要尽可能将班额大、年龄小的大学生班级安排在底楼或较低楼层的教室。

⑤在大学生集中进出教学楼、综合楼、实训楼、宿舍楼、餐厅高峰时间，全部打开楼门、所有楼道口必须保持通畅。

（2）加强对大学生的安全教育，强化大学生的秩序意识

绝大多数的踩踏惨剧，都源于秩序意识的缺失。在我国，从车站、码头到学校、商场，一切有人的地方都可能成为拥挤的场所。不少成年人在日常生活中给孩子树立了负面榜样，带着孩子抢座位、违章抢道、不讲公共道德等，这些处处"争抢""抢先"的习惯，或许正是学校踩踏事故发生的心理基础。所以，我们一定要教育大学生讲究公共道德、遵守公共秩序，因为良好的秩序是安全的前提和保障。

①建立"预防校园拥挤踩踏事件"安全教育制度。

第一，开学初，学工处及班主任要在班会上重点强调分时段分走楼梯制度。

第二，管理部门应该经常性地教育大学生要文明上下楼梯，做到"三不，二要"。即不拥挤、不打闹、不搞恶作剧，要互相礼让、要安全有序地疏散。

第三，管理部门每学期通过各种丰富多彩的活动，如大学生迎新大会、主题班会、黑板报等多种途径和形式，对大学生深入开展预防拥挤踩踏事故的专题教育。

第四，充分利用课间操、集体活动等，组织多种形式的应急避险疏散演练，使大学生掌握紧急情况下疏散的路线，适应危机

状态下的心理氛围和环境，提高大学生应对突发事件的实际能力。

②通过日常教育，使大学生了解预防拥挤踩踏的基本知识和方法。

第一，不论是听到上（下）课铃声，还是发生任何意外，都要冷静处置，有秩序地进出教室，不要相互推搡和拥挤。

第二，为了减少突遇意外时的慌乱，应充分利用课间操等进行必要的演练，每一个同学都应该清楚地了解，在遭遇突发事件必须撤离教室时应遵循的行走顺序和路线。

第三，发觉拥挤的人群向着自己行走的方向拥来时，应该迅速躲避到旁边；如果有可能，尽力抓住一样坚固牢靠的东西，例如楼梯护栏、扶手，不要奔跑，以免摔倒。如果旁边有可以躲避的地方，要暂避起来，等到人群过去后，迅速而镇静地离开现场。切记不要逆着人流前进，那样非常容易被他人推倒在地，倒地后极易发生踩踏事故。

第四，遭遇拥挤的人流时，一定不要采用体位前倾或者低重心的姿势，即便自己的鞋子被踩掉、携带的物品被挤掉，也不要贸然弯腰提鞋、系鞋带或者俯身捡拾东西等，防止被挤倒在地或被踩伤。

第五，如果身不由己而陷入人群之中，一定要先稳住双脚。切记远离玻璃窗，以免因玻璃破碎而被扎伤。无论在任何地方，在突然被大多数人裹挟向一个方向前进的时候，都不要因为任何原因而逆向行动。即使人流前进的方向与你要去的目的地背道而驰，也不要做逆着人流行动的尝试，以免被众人挤伤。

③通过教育，使大学生了解怎样应对拥挤踩踏的混乱局面。

第一，在拥挤的人群中，要时刻保持警惕，当发现有人情绪不对，或人群开始骚动时，要做好保护自己和身边人的准备。

第二，出现拥挤时一定要镇定，不能慌张，行走更要谨慎，千万不能被绊倒，避免自己成为拥挤踩踏事件的诱发因素。

第三，当发现自己前面有人突然摔倒了，要马上停下脚步，同时大声呼救，告知后面的人不要向前靠近。

第四，如果自己被推倒，要设法靠近墙壁。面向墙壁，身体蜷成球状，双手紧扣在脖子后面，以保护身体最脆弱的部位；若无墙壁，要寻找有利时机站起来。

④通过日常教育，使大学生学会在危急时刻保持心理镇定。

第一，在拥挤的人群中，一定要时时保持警惕，不要被好奇心所驱使，忘记保护自己。面对惊慌失措的人群时，更要稳定自己的情绪，不要被别人感染，切记慌乱只会使情况更糟。

第二，已被裹挟至人群中时，切记要和大多数人的前进方向保持一致，不要试图超过别人，更不能逆行，要听从带班领导、值班老师等指挥人员的命令。同时，应该发扬团队合作精神，因为团结协作在灾难面前非常重要。专家指出，心理镇静是个人逃生的前提，服从大局则是集体逃生的关键。

3. 应急预案

（1）教学楼、综合楼、实训楼的紧急疏散方案

①当教学楼、综合楼、实训楼发生紧急情况时，由带班领导、值班教师、在场教师负责指挥全体大学生进行紧急疏散。

②各班由任课教师、班长指挥按照指定路线、指定楼梯进行迅速疏散。

③在疏散过程中，大学生们要服从指挥、听从命令。

④在疏散过程中，大学生们要做到"三不，二要"，即不拥挤、不打闹、不搞恶作剧，要互相礼让，要安全有序地进行疏散。

（2）宿舍楼的紧急疏散方案

①当宿舍楼发生突发危机时，由带班领导、各楼值班教师负责全面指挥大学生紧急疏散，由各班班长、宿舍长协助值班老师组织紧急疏散。

②值班人员应该迅速打开宿舍楼的全部大门。

③大学生按照指定路线、指定的疏散楼梯有秩序地疏散。

④大学生们在疏散过程中要服从指挥，听从命令。要做到"三不，二要"，即不拥挤、不打闹、不搞恶作剧，要互相礼让，要安全有序地进行疏散。

（3）餐厅的紧急疏散方案

①在就餐时间内餐厅大门应该全部打开，值班人员必须及时到位。

②当餐厅发生危机时，由带班领导、各楼层值班教师负责全面指挥大学生紧急疏散，由各班班长协助值班老师组织紧急疏散。

③在疏散过程中，大学生们要服从指挥，听从命令。大学生们要做到"三不，二要"，即不拥挤、不打闹、不搞恶作剧，要互相礼让，要安全有序地进行疏散。

（4）善后处理工作

校园拥挤踩踏事件的调查工作，由学校组织"预防校园拥挤踩踏事件"应急工作领导小组成员进行调查，并及时上报学校调查结果；重特大拥挤踩踏事件，由上级教育行政主管部门、必要时协同其他相关部门组织调查，并向上一级教育行政部门报告调查结果。校园拥挤踩踏事件发生后，学校要及时组织"预防校园拥挤踩踏事件"应急工作领导小组成员做好善后处理工作，积极做好恢复学校正常教学和生活秩序的工作，自觉维护好校园和社会的稳定。

对在预防、处置校园拥挤踩踏事件中、善后处理工作中表现突出的教师，或有特殊贡献的班级和个人，可及时给予表彰和奖励。对在预防、处置校园拥挤踩踏事件中和善后处理工作中玩忽职守者、隐瞒、缓报、谎报情况者，逃避责任者，阻碍工作人员执行公务者，以及其他不利于预防和处置工作者，视其情节和危害后果，必须给予纪律处分；构成犯罪的，要依法移交司法机关，追究其刑事责任。

附：拥挤踩踏事故的特点

（1）易发生事故的时间：事故多发生在集会、下课、上操、就餐和下晚自习时，大学生一般会心情急切地集中上下楼梯。

（2）易发生事故的地点：这类事故多发生在教学楼、宿舍楼楼层之间的楼梯转角处。

（3）易发生事故的设施设备因素：一是通道狭窄，楼梯，特别是楼梯拐角处狭窄，不能满足大学生集中上下楼的需要；二是建筑不符合标准，如一栋楼只有一个楼梯，不易疏散；三是照明不足，晚上突然停电或楼道灯光昏暗，没有及时更换损坏的照明设备，就容易造成恐慌和拥挤。

（4）易发生事故的管理因素：一是大学生在集中上下楼梯时，没有值班老师组织和维持秩序；二是大学生上晚自习时没有老师值班，下课时无人疏导；三是个别大学生搞恶作剧，在混乱情况下狂呼乱叫，推搡拥挤，致使惨剧发生；四是没有对大学生和教师进行事故防范的教育和训练，无应急措施的培训。

（四）交通事故的防范及应急预案

1. 防范应急工作领导小组与职责

（1）防范应急工作领导小组

组长：　　　　　　　　　　　　电话：

副组长：　　　　　　　　　　　电话：

组员：　　　　　　　　　　　　电话：

职责：下达启动处置交通应急预案命令；依据上级批示和现场情况，适时决策、发布指令，组织指挥处置行动；组织调集人员、物资及交通工具，指挥现场处置工作；向上级主管部门报告事件的情况，必要时向有关部门发出通报或协助请求；同时，负责与有关卫生、公安、交通等部门的协调工作，检查监督突发事件的调查及善后处理工作。

（2）防范应急领导小组办公室设在学工处

组长：　　　　成员：

职责：负责组织协调工作。

（3）现场处置组

组长：　　　　成员：

职责：深入现场做好救援、抢救、解释、宣传、调解、劝导等工作，及时调查收集交通事故的起因、现状、发展趋势等信息，并向领导小组办公室报告；采取必要措施，及时进行现场处置。

2. 防范预案

（1）各班主任要经常在班内对大学生进行交通安全宣传教

育，提醒大学生进出校园和经过马路时，一定要注意交通安全，特别是对走读生要经常提醒，防止交通事故的发生。

（2）教职员工如遇大学生在校外马路发生交通事故，要及时拨打电话（110）报警，对受到伤害的大学生进行紧急处置，对肇事车辆进行记录，第一时间打电话给校医务所和医院，派车将受伤大学生送往最近医院救治，同时要报告给学校领导、班主任和家长。

（3）大学生一旦在马路上发生交通安全事故，学校教职员工要负责保护好现场，电话报警，通知交通警察到现场勘察。

（4）一旦发生交通事故，经过现场的教职员工要做好疏散工作，保证交通的畅通与安全。

（5）学校门卫要对大学生进出校门的情况进行现场监督，对违反交通安全规定的大学生进行批评教育，对不听从教育的大学生要及时报告给相关领导和班主任进行处理，严重的由学工处和保卫部门查处。

（6）学校门卫要在大学生放学和上学时间维持秩序，在马路上摆上警示牌，大学生骑自行车进出校门时，一定要下车。

（7）在出现紧急情况的时候，在场的教师和领导要注意按照应急疏散指示、标志和图示，合理正确地疏散大学生。

（8）为了方便大学生假期乘车回家，由校方提供车辆时，保卫部门要与司机签订用车协议书。协议书中应要求车辆安全性能良好，具有合格车辆行驶证照和"XX学校大学生用车"标志，司机有合格的驾驶证，且不得有危险驾驶行为，并建立电话专线联络。每次乘车指定一名品学兼优的大学生为乘坐车辆的临时负责人，一旦发现紧急情况，应该及时与相关负责人联络、向医院和周围的群众求救。

3. 应急预案

（1）一旦发生交通事故，立即拨打 122 交通事故报警电话。

（2）报上级主管部门（先口头后书面）。深入现场做好救援、抢救、解释、宣传、调解、劝导等工作，及时调查收集交通事故的起因、现状、发展趋势等信息，并向领导小组办公室报告；立即进行现场处置，及时采取必要的措施。

（3）处置乘车人员。

①发现大学生受伤者，要尽快及时送医院救治（或视情况拨打 120）。

②若是整车学生遇到事故，对于未受伤者，可另外调动车辆接送，换乘车辆时，随车教师要看清周围交通、车辆行驶情况，避免发生新的交通事故。

③及时通知大学生家长。

④配合交通事故处理部门调查，并参与事故调解。

⑤及时做好大学生及家长的安抚工作，控制事态，避免其向不好的方面发展，维持学校教育教学秩序的正常进行。

（4）通知承保的保险公司和保险经纪公司，立即介入事故的处理。

（五）安全用电事故的防范及应急预案

1. 成立防范应急领导小组

组长：　　　　　　　　电话：

副组长：　　　　　　　电话：

成员：　　　　　　　　电话：

2. 防范方案

（1）制定《用电管理制度》《各室教师用电工作职责》《用电安全管理制度》等各项规章制度，层层签订用电安全责任状。

（2）学校应加强大学生的用电安全宣传教育，提高大学生安全用电意识和觉悟，坚持"安全第一，预防为主"的思想，确保生命和财产安全，从内心真正地重视安全，促进大学生安全合理地用电。

（3）在大学生守则中，说明严禁私拉私接电线、不能在电线上或其他电器设备上悬挂衣物和杂物，不在宿舍使用大功率电器，严惩违规行为。

（4）不能私拆宿舍或者教室的灯具、开关、插座等电气设备，不能使用灯具烘烤衣物或挪作其他用途，当漏电保护器出现跳闸现象时，不能盲目重新合闸。

（5）在浴室（宿舍洗漱间）或湿度较大的地方使用电器设备（如电吹风）时，应确保室内通风良好，避免因电器的绝缘性变差而发生触电事故。

（6）确保电气设备（如电脑、电视机、电热开水器等）散热良好，不能在其周围堆放易燃易爆物品及杂物，防止因散热不良而损坏设备，或引起火灾或者爆炸事故。

（7）湿手或赤脚不要接触开关、插座、插头和各种电源接口，不要用湿布擦照明用具和电器设备。

（8）发现电器设备冒烟或者闻到异味（焦味）时，要迅速切断电源，通知学校的后勤部门进行维修，避免故障范围扩大和发生触电事故。

3. 应急预案

（1）事故发生后，在场人员（包括教职工、大学生）必须立即将所发生的事故的情况及时向学校突发事故领导小组报告。具体情况包括事故发生的时间与地点、种类、强度、危害程度等。在基本掌握事故情况后，领导小组应立即启动应急预案，迅速赶赴现场组织抢救。同时，向公安机关、电力管理部门报案，并配合公安部门开展工作，还应根据需要通知急救、医疗、消防等部门参与现场救护。根据触电受伤人员的情况及时组织自救或他救，必要时拨打120向急救中心求援。

（2）一旦发生用电事故，经过现场的教职工要对大学生做好疏散工作，保证交通的畅通与安全。

（3）遇有突发性触电事故，应该立即切断附近的电源（包括总电源）。

（4）遇有紧急情况发生时，应该立即用绝缘棒或非导电棒、棍将触电人员与电源脱离，切忌用手拉已触电的人员。

（5）排查事故原因，及时处理上报。根据触电事件发生的过程，分析事故的原因、结果、经济损失等，调查情况应该及时上报上级部门。对造成用电事故的部门和个人，根据学校有关规定给予行政处罚。对造成严重事故的，必须承担法律责任。

（六）盗窃、抢劫的防范及应急预案

1. 成立防范应急领导小组

组长：　　　　　　　　电话：

副组长：　　　　　　　电话：

成员：　　　　　　　　电话：

2. 防范预案

（1）学校要利用各种宣传方式，加强师生关于盗窃、抢劫的

教育，提高防范意识和自救自护能力。

（2）大学生离开宿舍时，应该注意锁好门、关闭门窗，加强重要财产物品的保管。在自习室或者图书馆自习，需要离开座位时，应带走自身重要的财产物品。

（3）学校保卫处应加强校园的值班巡逻，安装电子防盗设备，抓好校园治安的安全防范工作。

（4）学校应积极配合辖区民警和联防人员，制定落实校园及周边综合治理的长效机制，加强日常检查和管理，不断优化校园及周边环境。

（5）加强门卫管理，严格执行人员进出管理制度，对外来人员履行登记手续，若有人强行闯入，门卫应极力劝阻，不得随意放行，并及时报告学校主管领导。

（6）为了确保晚上放学期间安全防范工作的落实，学校应该增加安全防范工作人员，除当值保安外，当日值班领导也必须到场指挥协调。

（7）严格实行责任管理制度，全校教工要明晰自己在安全教育、安全管理、课间安全管理的责任，形成人人抓安全，人人是安全责任人的群防群治工作局面。

3. 应急预案

（1）若外来人员已经强行闯入或通过爬围墙等方式进入校园，门卫应立即打电话通知高校安全工作领导小组其他成员，及时将闯入者查清并立即逐出。

（2）若盗窃案件已发生，被盗大学生应该及时清点被盗物品，对于涉及个人信息的物品要尽快做出处理，以免因为个人信息泄露造成不必要的麻烦。损失较大时，应尽快向警方报案。

（3）若校内发生行窃事件，学校后勤管理人员应迅速赶到现场，安排人员保护事发现场，检查大学生身体有无受伤情况，若有受伤情况，应安排校医到达现场，及时进行救援护理。同时，向受害者或知情人了解被盗物品的名称和数量，认真做好登记手续，根据被盗物品的数量和价值，及时向公安机关报案。

（4）积极协助公安人员勘查现场，为侦破案件提供良好条件。

（5）对于被盗窃、抢劫的大学生，学校应该及时给予精神上的安抚和心理上的疏导，避免其由于此次事件留下心理阴影。

（6）尽快组织校内力量，配合上级有关部门做好善后工作，不要因此影响正常的工作秩序和学习秩序。

（七）食物中毒事故的防范及应急预案

1. 成立防范应急领导小组

组长：　　　　　　　　　电话：

副组长：　　　　　　　　电话：

成员：　　　　　　　　　电话：

2. 防范预案

（1）明确食物中毒处置的职责，规范风险事件的判断程序和沟通方式，设置风险处理各负责部门的协调与配合方式，建立反应迅速的应急机制，制定具体的应对措施。

（2）辅导员要在日常生活中加强教育，提高大学生的食品安全意识，勿食用变质食物，不要在校外卫生情况差的小摊点就餐。积极引导大学生规律作息，按时饮食，尽量避免因错过就餐时间，饭堂已经无饭菜，而去校外不符合卫生标准的小摊点就餐。

（3）提高大学生的辨别能力，教育其通过观察饭馆的卫生许可证、店内人员工作情况及店内卫生状况，选择性地到校外就餐；校内食堂饭菜有异味时，不要继续食用，并及时反馈给学校后勤部门。同时切实加强对校内饭堂的监督管理。

3．应急预案

（1）接到大学生发生疑似中毒的报告后，先了解涉及人数、基本症状、可能引发的原因，依情况判断送医院或者拨打120急救电话。

（2）立即派相关人员在校门口引导救护车前往出事地点。

（3）辅导员、班主任或大学生干部应该随同救护车照顾大学生，并办理相关医疗手续。

（4）及时报告案情。事件发生后马上向学院领导汇报，并及时上报学校。

（5）走访其他大学生，了解、记录疑似中毒大学生的姓名、症状、饮食史，排查是否还有其他食物中毒的大学生。

（6）对于病情严重的大学生，辅导员、班主任应及时通知其家长，必要时可请求家长寻求协助处理。

（八）一般传染病的防范及应急预案

1．成立防范应急领导小组

组长：　　　　　　　　电话：

副组长：　　　　　　　电话：

成员：　　　　　　　　电话：

2．防范方案

（1）加强宣传教育。学校应开展多样化的预防传染病的知识宣传教育，提高师生的公共卫生意识和自我保护能力。

（2）学校要积极创造条件，为大学生提供足够的水龙头及洗手液等相关设备及物品，解决学生洗手问题，使学生养成勤洗手的好习惯。

（3）建立严格的消毒制度，定期对教室、宿舍等大学生活动场所进行通风、消毒。

（4）建立传染病疫情报告制度，确定2—4名传染病疫情管理工作责任人。

（5）严格掌握各种传染病的隔离时间，患传染病的大学生返校时，必须提供医生开具的病症无传染性的证明，以防其他大学生被感染。

3. 应急预案

（1）一旦发现传染病病人，要及时采取隔离措施，学校传染病疫情责任报告人要及时报告当地疾病预防控制中心。做到早发现、早报告、早隔离、早治疗。

（2）学校要采取必要的保护措施，发放必要的防护用品，并监测学生身体的特征。

（3）所有师生办公室及教室、人群集中的场所，一定要加强通风和消毒。

（4）一旦发现疫情苗头，要及时对学校实行封闭化管理，严格控制外来人员进入校园。

三、大学生行为心理风险防范及应急预案

心理风险也叫行为风险，是指与人们的心理和行为密切相关

的风险。人们心理行为上的漠不关心、粗心大意、疏忽过失、玩忽职守、争胜好强、过分自信、迷信、侥幸或依赖保险心理等因素，易导致风险事故的发生和扩大。高校常见的心理风险事故有打群架、强奸与性侵、诈骗事故、精神疾病、自杀事故、性病、外出旅行事故、溺水事故、网络贷款诈骗事故等。高校应该建立专门的领导小组，并分别制定这些风险的防范及应急预案。领导小组构成如下：

防范应急领导小组组长：　　　　　电话：

副组长：　　　　　　　　　　　　电话：

成员：　　　　　　　　　　　　　电话：

（一）打群架风险的防范及应急预案

1. 基本原则

（1）"统一指挥，分层负责"原则。高校发生重大群体性、突发性事件时，由学校安全工作领导小组负责对事件统一指挥，并及时向有关部门报告。

（2）"多方联动，群防群控"原则。高校发生重大群体性、突发性事件时，全体师生要听从指挥，共同做好稳定安全工作。

（3）"教育疏导，有效控制"原则。按照"可疏不可堵，可散不可聚，可顺不可激，可解不可结"的工作方针，充分发挥全体师生多方面的作用，积极疏导，尽力化解，有效控制事态的进一步蔓延，力争把问题解决在校内。

（4）"快速反应，以快制快"原则。高校发生重大群体性、突发性事件后，校安全工作领导小组成员要立即赶赴事发现场，按照预案中的快速反应机制和相应的应对措施，抓紧工作，以快制快，防止事态扩大。

2. 防范预案

（1）加强日常思想教育，从源头上杜绝社会上的暴力文化对校园的污染。努力强化思想教育工作，帮助大学生树立正确的人生观、价值观、世界观，从而形成全面的社会主义思想道德观；用正确的思想去武装、支配其行动。

（2）加强校园管理。对管制刀具等进行经常性的清查、收缴，严禁带入校园。对于私藏或者夹带管制刀具者，视情节严重程度作出不同处理：对情节轻微的，给予纪律处分，学校和家庭密切配合对其进行教育；对于情节严重的，可以移交公安机关，按照《治安管理处罚条例》等相关的法律规定进行处罚。

（3）切实加强对"问题学生"的关注，最大限度地防止引发打群架事件的因素的滋生、蔓延。

（4）及时收集相关信息。高校要针对不同时期的任务和特点，适时分析本校的安全形势，梳理问题的苗头，有针对性地化解各类矛盾，努力把不安全因素消灭在萌芽状态。

（5）正确处理大学生之间的各种矛盾，并以矛盾双方都能接受的方式公平处理，及时引导大学生的思想。

（6）多组织大学生参加集体活动，集体活动有利于同学之间打开心扉。通过参与集体活动加深互相之间的了解和友谊，消除彼此之间的误会。

（7）加强法律意识的培养。学校应该多组织学生观看法律教育纪录片，并通过互联网、黑板报、宣传栏、标语横幅等多种形式和手段，让大学生多了解法律知识，增强大学生法制意识和明辨是非的能力。充分认识、了解暴力事件背后所带来的恶劣影响

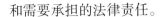

和需要承担的法律责任。

（8）加强大学生心理健康教育。通过对大学生提供心理辅导和心理咨询等，舒缓其心理压力。

（9）严禁大学生参加以老乡会为名义的各种小帮派性质的小团体，树立正确的交友观。

3. 应急预案

（1）设立学校安全工作领导小组（即指挥中心）。校长为组长，副校长为副组长，学校教导处、保卫处、各级辅导员为组员，负责对事件的处置和实施决策。

（2）工作领导小组需反应快速。学校社会治安综合治理领导小组接到报告后，在第一时间向上一级有关领导部门报告，同时迅速向第二层面发出指令。第二层面得到指令后，立即组织第三层面人员迅速到达第一现场，控制第一事发地点或造成风险事件人的活动，努力控制住事态和损失，切实保护好大学生的人身安全。

（3）迅速控制突发事件的源头或制造事端的不法分子，遏止事件的进一步恶化，并以最快的速度，将制造混乱秩序的坏分子带离现场。

（4）迅速带领大学生撤离事发现场。对受到伤害的大学生，要及时送到离事发现场最近的医院。

（5）及时向校安全工作领导小组反馈情况和相关信息。

（6）积极协助有关部门对事件进行信息处理和调查。

（7）校园安全工作领导小组要及时总结事故发生的原因，努力完善防范及应急预案。

（8）落实纪律责任。凡在处置突发事件过程中，因工作延误、失职、不服从指挥、不负责任而造成矛盾激化，产生严重后果的，要追究相关人员的责任。

（二）强奸、性侵风险的防范及应急预案

1. 防范预案

（1）大学生外出时应了解环境，尽量在安全路线行走，避开荒僻和陌生的地方。特别是女大学生外出时，应结伴而行，注意周围动静，不要和陌生人搭腔。如有人盯梢或纠缠，应该尽快向人多的地方靠近，必要时可呼叫。如果学生晚上有事需外出，办完事后应尽早回家（学校），夜晚外出或在校内行走最好结伴而行，行走时要选择行人较多，路灯较亮的道路行走；经过树林、建筑工地、废旧房屋、桥梁、涵洞等处时，要特别小心，快步通过。在学校或校外租房就寝时，要避免一人独处，特别是节假日期间，睡觉时要关好门窗，拉上窗帘。

（2）学校应邀请公安机关或组织学校的保卫处，不定期地召集全校学生，传授防身技术，教会大学生防卫与逃脱技能，减少性侵害事故发生的可能性。同时，积极开展安全教育宣传活动，筑起大学生们的思想防线，增强大学生的防范意识，提高识别能力，增强法律意识、权利意识和自我保护能力，努力减少性侵害事故发生的概率。

（3）加强学校硬件建设，杜绝性侵害事故发生的硬件建设漏洞。如加高校墙、加固学生宿舍的门窗、安装电子监控摄像头等。

（4）加强学校安全制度建设，堵住性侵害事故发生的管理漏洞。加强夜间值班巡逻，实行学生宿舍管理员夜间巡视、学生外

出报告制度等。

（5）要经常对学生集体宿舍进行安全检查。如果发现门窗损坏，要及时报告学校有关部门修理。学生就寝前，要关好门窗，天热时也不能例外，防止犯罪分子趁众人熟睡时作案。

（6）周末或节假日时，若同宿舍的其他同学回家，不得已要独自一人住宿，外出回宿舍就寝时，要留心门窗是否敞开，防止有犯罪分子潜伏室内，伺机作案。如遇到异常情况，应立即报告老师或直接报警以确保人身安全。

（7）女生要自爱自重。如果并无谈恋爱的打算，对于单恋的追求者，应该明确拒绝。要遵守恋爱的道德，讲究文明礼貌。在拒绝对方的要求时，要讲明道理，耐心说服；要尊重对方人格，不可嘲笑、挖苦，更不能在别人面前揭露对方的隐私。如果制止不了对方的纠缠，或者发现对方有报复可能，要及时向老师和领导汇报，依靠组织的力量妥善处理，以防止此类风险事件的发生。

2. 应急预案

（1）设立强奸、性侵害防范和处置工作领导小组，人员包括校长、院长、各级辅导员、心理咨询师、保卫处校警、校医院医生等。

（2）接到受害大学生报案后，处置小组成员首先要控制局面，封锁消息。除了必要的知情人，尽量不要再让他人知悉此事，以免当事人信息曝光，造成二次伤害。同时，要保护好现场，立即向上级教育行政主管部门和公安机关报告案情，联系大学生家长，抛弃一切私心杂念，把法律的尊严、大学生的安全放在首位，快速、正确处置，最大限度地减轻性侵害事故对大学生的伤害。

（3）尽快收集证据，为严惩罪犯提供法律依据，但须减少对受害人的查问。由于性侵害案件对受害大学生的影响不可能在短期内消除，学校在维护其隐私与尊严、顾及大学生感受的基础上，在心理上、学业上将给予其更多的关怀和支持，鼓励、帮助其尽快走出阴影，恢复正常的学习生活。

（三）诈骗事故的防范及应急预案

1. 防范预案

（1）每个学院每年举办一次防诈骗主题安全教育，可根据情况组织相关知识考试；每个班级开展一次防诈骗模拟演练，提高大学生互帮互助的责任意识。

（2）提高防范意识，学会自我保护。交友要谨慎，避免以情感代替理智；同学之间要互相沟通、互相帮助；服从校园管理，自觉遵守校纪校规。

（3）不要将个人信息资料如存折（金融卡）密码、住址、电话（手机）号码等随意提供给他人，以防被坏人利用。

（4）切不可轻信陌生人，更不要将钱款借给陌生人。

（5）切不可轻信马路广告或网上的求职招聘等信息，需要勤工助学的学生，必须通过正规渠道寻找工作，以防止上当受骗。

（6）防止以"求助"或利诱为名的诈骗行为，遇到把握不准的事，应及时向父母、老师或保卫处、派出所报告，不要盲目行事。

（7）切不可贪图小便宜或谋取私利。天下没有免费的午餐，谨防掉进骗子设计的各种陷阱。

（8）树立正确的人生观、价值观。要以学业为主，积极参加各类有益身心健康的活动，不要沉湎于虚拟世界的匿名交流而无法自拔。

（9）守网法、讲网德。在登录网页或在线交流时，要提高警惕，不要轻易给别人留下电子身份资料和个人信用卡资料。

2. 应急预案

（1）设置防诈骗工作的日常管理部门，根据学校的实际情况，适时联动学校各部门，有效应对诈骗事件的发生，维护校园稳定，保护大学生的财产和人身安全。

（2）诈骗事件发生时，应做到沉着冷静应对，并迅速向有关老师和学校保卫部门反映情况。保卫处应该立即组织保护现场并进行查勘，做到尽快处理和调查。

（3）学校保卫处在接到报案后，还需向公安机关报案，并在2小时内将情况及时向学校"应急组"汇报。

（4）涉案大学生及相关人员要加强与警方配合，并及时提供对方账号等线索，积极配合公安机关和保卫部门侦破案件，使犯罪分子尽快受到应有的法律制裁。

（四）精神疾病、自杀事故的防范及应急预案

1. 防范预案

（1）在开学时做好每个大学生的心理评估工作。对在心理健康测评中筛查出来的有心理障碍、心理疾病或自杀倾向的新生，应该及时联系学校的心理咨询室和大学生家长，做好新生的心理疏导工作。

（2）在日常工作中，应对具有以下特点的大学生进行重点关

注，并及时通知学校心理干预中心：

①对于出现失恋、学习困难、经济困难、就业困难、突然遭受重大打击等情况的大学生。

②有严重心理疾病，且出现异常心理或行为的大学生，如患有抑郁症、恐怖症、强迫症、癔症、焦虑症、精神分裂症、情感性精神病等疾病的大学生。

③遭遇突然打击和受到意外刺激后，出现异常心理或行为的大学生。

④学习压力特别大，出现异常心理或行为的大学生。如第一次出现不及格科目的优秀生，将被退学、留校察看的大学生等。

⑤性格内向、经济严重贫困，且出现异常心理或行为的大学生。如性格内向、不善交际且交不起学费的大学生，需要经常向亲友借贷、且缺乏社会系统支持的大学生等。

⑥出现严重适应不良反应，导致心理或行为异常的大学生。

（3）发出下列警示信号的大学生，应作为心理危机的重点干预对象，及时进行危机评估与干预：

①近期谈论过自杀并考虑过自杀方法，包括在微信、QQ聊天、信件、日记、图画或乱涂乱画的只言片语中，流露出死亡念头者。

②突然给同学、朋友或家人送礼物、请客、赔礼道歉、述说告别的话等行为明显改变者。

③情绪突然明显异常低落，如特别烦躁、高度焦虑、恐惧、易感情冲动，或情绪突然从低落变为平静等行为异常者。

（4）对于有严重精神疾病的大学生，学校学院应通知大学生家长立即来校，并对大学生做休学处理，让家长将大学生接回或送医院治疗。在学校与大学生家长做安全移交之前，学校及院（系）部应对该生作 24 小时特别监护。对于出现危机事故的大学生，其在医院接受救治期间，学校及院（系）应指派人员根据医院要求，在病房进行 24 小时的特别监护，以防意外事故发生。

（5）在心理咨询中心设立求助小组。在突发大学生自伤、自毁事故的紧急处理方面，应及时上报学院的负责人，学院负责人在闻讯后立即赶赴现场，并立即报告给学生处、团委、保卫处、心理健康教育中心等部门。如遇紧急情况，应本着大学生安全第一的原则，先将大学生紧急送医院治疗，然后立即向有关部门汇报。

（6）大学生复学后，各院（系）应对其学习生活进行妥善安排，帮助该生建立良好的支持系统，引导同学避免与其发生激烈冲突。应安排班级心理委员或寝室心理联络员对其进行密切关注，了解其心理变化情况。辅导员、心理辅导员每月至少与其谈心一次，并通过周围其他同学随时了解其心理状况，在每周填写一次的《班级心理状态晴雨表》里，向心理健康教育中心报告该生的心理状况。

（7）配合学院心理健康教育中心，做好违纪大学生的定期预约咨询，或随访咨询工作。

（8）对于因有强烈的自杀意念或因自杀未遂休学而后又复学的大学生，学院应给他们给予特别的关心，应安排班级心理委员、大学生骨干、该生室友对其进行密切监护，制定可能发生危机的防备预案，随时预防该生心理状况的恶化。

2. 应急预案

（1）接警与通知。事故发生后，在场人员（包括行政教师、舍管人员、大学生、保卫处人员等）必须立即向上级报告，负责的管理人员及时启动应急预案，亲赴现场组织处理，将有关情况上报教育局、医疗机构，应汇报的情况包括事故发生的地点、程度、危害等，已采取和准备采取的应急处理。

（2）及时进行现场应急抢救、现场保护。拨打 110 报警和 120 进行救援，同时联系家长，组织校医和学校保卫处，以大学生的生命安全为重，对受伤大学生进行救护处置。救护车到达后，应立刻向急救人员报告情况，尽快将受伤大学生送往医院；严格保护现场，妥善保存好现场的重要痕迹、物证，等待警察的到来；辅导员或者班主任应该及时通知家长事故情况和大学生被送往的医院地址。

（3）经医生诊断大学生已不幸死亡时，则要严格保护好现场，及时拨打 110 报警，等待警察和家长到达现场。

（4）各年级辅导员和教师要做好大学生的日常教育工作，稳定大学生的情绪，要求各类人员绝不能以个人名义向外扩散消息，以免引起不必要的恐慌，未经同意，任何单位和个人不得接受媒体采访，以免报道失实。

（5）家长接待与后勤支持。家长到来后，要做好家长的思想工作和接待工作。根据大学生事故处理的有关规定，协助处理死亡大学生的善后工作，依法调解安抚大学生家长。如若学校或者大学生投保了相关校园保险，应该及时通知保险公司理赔人员赶赴现场；签写理赔协议书，协议书需要包括事故的简要经过、双方达成的补偿协议、双方的签名内容。整理相关资料交给保险公司人员，协助保险公司做好赔付工作。在事故处理中，受伤害大学生的监护人、亲属或其他有关人员如果有影响到学校正常教育教学秩序的行为，学校相关领导应及时与他们沟通，安抚他们的情绪，如果沟通没有效果，可依法报公安机关来处理，确保学校可以正常开展教学工作，事故调查可以正常进行。

（6）事故调查。深入调查事故原因，整理事故记录，对不依照应急救援指挥的人员进行处分，构成犯罪的必须移送司法机关。及时总结经验教训，查找风险管理制度、相关政策、基础设施等存在的问题，不断改进安全防范措施。

（五）性病的防范及应急预案

1. 防范预案

（1）学校应加大性病的防范宣传力度，让大学生了解性病的症状、种类、传播途径，提高大学生的自我保护意识。

（2）洁身自爱，不去非法采血站卖血，不涉足色情场所，不要轻率地进出某些特殊娱乐场所，不要因好奇而尝试吸毒。

（3）生病时要到正规的诊所、医院治疗，注意输血安全，不到医疗器械消毒不可靠的医疗单位特别是个体诊所打针、拔牙、针灸、手术。不用未消毒的器具穿耳孔、文身、美容。

（4）不与他人共用剃须刀、牙刷等，尽量避免接触他人体液，对被他人污染过的物品要及时进行消毒。

（5）注意与性病病人的接触，病人的器皿及医用器械要专人专用，如病人的刮脸刀、牙刷、毛巾、茶杯等。排尿、排便后要用肥皂洗手，可达到消毒的目的。

（6）与性伴侣发生性行为时应该事先做足安全措施，发生性行为时使用安全套就是保护措施之一，此外，不要滥交。

（7）患有性病的大学生不要随意献血或者提供体液；女大生

则要处理好经血，以防污染他物。

2. 应急预案

（1）一旦发现患性病的大学生，立即通知校医进行诊断，严重者及时送至医院治疗，并通知其家长，同时做好保密工作。

（2）做好大学生的心理安抚工作，鼓励其积极参与治疗，争取早日恢复。

（六）外出旅行事故的风险防范及应急预案

1. 防范方案

（1）提高安全意识，外出时告诉老师、家长及同学自己的出行路线，最好能背下身边一些人的电话号码，以便出现不利情况时联系求救；不在悬崖及其他危险系数高的地方逗留；随身携带一些必需的药品。不要独自一人外出旅行，最好和同学或者朋友一起组队游玩，乘坐火车时最好坐在一起，以便相互照应，轮流睡觉并照看财物。

（2）出发前要认真做好准备工作，选择最佳的旅游路线和交通工具，对自己的身体状况要正确估计，不要带病参加旅游，以免发生意外事故。

（3）入住酒店前，首先应了解酒店、宾馆或者旅行社的安全须知，熟悉酒店各门、安全出路、安全楼梯的位置及安全转移路线。进入自己的房间后，首先检查房间设施（洗浴设施、遥控器、台灯、毛巾浴巾等）是否有损坏、缺少和污染。若发现有损坏、缺少和污染，要及时告知接待住宿方，以免退房时发生不必要的麻烦。出门在外，不要随便将自己住宿的酒店和房号告诉陌生人，睡觉前注意关好门窗，锁上保险锁，以免发生意外。外出游玩时，把贵重物品存放在酒店的保险箱里，注意保管好收据。入住后还应特别注意相关收费情况，哪些东西能免费使用，哪些东西需要收费，在事前都应了解清楚，以免因此造成不必要的纠纷。

（4）遵守旅游景区的安全规定，听从导游安排，对路边的警示牌要认真阅读。分散活动时要准时到达指定地点集合。外出旅游时要特别注意身体健康，不要光顾景点周边无牌无照的小摊点，切勿暴饮暴食，以防因此发生胃肠道疾病。在购买包装食物时，也应注意商品的质量和保质期，不要购买"三无"商品。若发现有不卫生或有异味、过期的食物，请勿食用。

（5）在景区游玩时，要听取旅游区的安全提示和忠告，以预防意外事故和突发性疾病的发生。在景区中经过一些危险地段时不可拥挤，特别是前往险峻景点观光时，应充分考虑自身条件，不要强求或存侥幸心理。

（6）计划参与登山活动时，事先要注意适当休息，避免激烈运动，同时要做好自身防护。

（7）在水上区域游览时，要注意乘船安全，务必穿戴救生衣，不要单独前往深水水域或危险的河道游览。

（8）作为大学生更要注重文明旅游。在景区游玩时要注意自己的行为举止，不要随地乱扔垃圾或在墙上随意刻画，也不要在景区随意给野生动物投食或做出其他恶意行为。在少数民族地区旅游时，一定要注意当地民族的禁忌，务必尊重当地的风俗习惯及法律法规。

（9）每到一个景区，应该先熟知当地的报警电话及治安岗所在的具体地址，如遇事故，可拨打紧急求救电话。

2. 应急预案

（1）自救。发生意外事故时不能惊慌失措，在了解清楚自身所处的环境和伤情后根据情况开展自救，一定要相信自己能战胜困难，摆脱困境。

（2）求救。自救行不通时，应等待救援。应该及时利用通信工具拨打景区救援电话，告知对方自己的情况，然后停留在原地，不要随意走动。在等待救援时，要注意保持体力、坚定信念，还要及时发出求救信号，可以利用携带的手机、电筒、打火机等制造光亮，也可以利用石头敲打发出声音，或挥动色彩鲜艳的衣物等，主动与外界取得联系。

（七）溺水事故的防范及应急预案

1. 防范预案

（1）加大宣传教育力度。学校应定期对大学生进行游泳安全教育，在游泳课程上教会大学生游泳技术的同时，让大学生掌握一些有关防溺水及溺水后自救等的知识，令其在紧急情况下，可以进行简单的处理。强调"关注生命，安全第一"。

（2）通过校园网、校园广播、电子显示屏、黑板报等载体和当地新闻媒体，宣传推广防溺水安全常识，切实提高大学生的安全意识和自我保护能力。学校要将预防溺水教育列入学校常规安全工作，并予以重点关注。各级教育主管部门要将学校预防大学生溺水工作纳入年度安全考核范畴，坚决杜绝大学生溺水事故的发生。

（3）教育大学生不得到无安全设施、无救护人员和不熟悉的水域游泳，以防出现事故时无法得到及时救援。在校外遇到溺水人员时，应该对自身的游泳技术情况有准确判断，不要因救人心切，盲目下水救人，应该向周围人员进行呼救，共同救援，再报告学校及家长。

（4）要进一步明确相关水域安全防范责任，落实日常巡查制度，强化对重点及危险水域的安全监管，做到及时发现险情，迅速消除隐患。同时，针对夏季易发暴雨、洪水、泥石流等的情况，各级教育行政主管部门和学校要加强与气象、地质等部门的联系，提前发布安全预警，及时采取必要措施，确保大学生的人身安全。

（5）定期通报各部门开展工作情况和有关动态信息，研究预防大学生溺水工作的具体措施，形成联防联动机制。

（6）大学生要清楚自己的身体健康状况，平时四肢容易抽筋者不宜参加游泳或不要到深水区游泳。要做好下水前的准备，先活动活动身体。如水温太低，应先在浅水区处用水淋洗身体，待适应水温后再下水游泳。镶有假牙的同学，应将假牙取下，以防呛水时假牙落入食管或气管。

（7）大学生对自己的水性要有自知之明，下水后不能逞能，不要贸然跳水和潜泳，更不能互相打闹，以免呛水和溺水。不要在急流和漩涡处游泳，更不要在酒后游泳。

（8）大学生在游泳中如果突然觉得身体不舒服，如发生眩晕、恶心、心慌、气短等，要立即上岸休息或呼救。小腿或脚部抽筋时，千万不要惊慌，可用力蹬腿或做跳跃动作，或用力按摩、拉扯抽筋的部位，同时呼叫同伴进行救助。

2. 应急预案

（1）大学生因游泳而发生溺水事故时，最早发现或知晓的人员应立即向学校应急领导小组报告。

（2）应急领导小组视具体情况下达预案启动指令。指挥组织各工作小组，采取积极果断的措施进行施救，并及时与大学生家属联系，以最快的速度送医院进行救治，力争将损失降到最低。

（3）一旦发现溺水者已经死亡，必须及时、如实将有关情况上报，并协助有关部门做好事故后的处理工作。

（4）做好溺水大学生家属的思想工作，出现伤亡情况，应该积极联系保险公司予以理赔，及时协调处理各种善后事宜。

（5）协同有关部门，对事故原因进行调查，对责任进行认定，如属责任事故，将追究有关部门和个人的事故责任。

（6）认真总结经验教训，防止溺水事故再次发生。

（八）网络贷款诈骗事故的防范及应急预案

1. 防范预案

（1）学校要加强网络贷款安全的宣传，教导在校大学生要以学业为重，积累知识，切不可以超前消费、创业需资金周转等为理由进行网贷，这会严重影响学业并加重家庭经济负担。高校宣传部门、学工部门、保卫部门要经常组织法制和安全防范教育，特别要抓好入学新生的网络防诈骗常识教育。

（2）大学生如果实在需要贷款，一定要和家长商量好再做决定，可选择生源地信用贷款或者国家助学贷款，或到正规银行机构、信用社机构办理贷款，办理时要仔细阅读贷款合同，如果有觉得不合理的地方要及时问清楚，以免造成不必要的麻烦。

（3）大学生不参与、不宣传"校园贷"违规违法活动；不鼓动、不胁迫他人在"校园贷"中借款；不张贴、不转发"校园贷"违规违法信息；不冒用、不顶替他人身份进行校园贷款。

（4）理性消费，拒绝攀比。一定要根据自己以及家庭的经济情况进行消费，避免因盲目跟风或攀比而过度消费，造成入不敷出。

2. 应急预案

（1）设置网络贷款防诈骗工作的日常管理部门，根据学校及大学生的实际情况，适时启动学校各部门，以有效应对诈骗事故的发生，维护校园稳定，保护好大学生的财产和人身安全。

（2）大学生遇到网络贷款诈骗事件时，应做到沉着冷静，并迅速报警或向有关老师和学校保卫部门反映情况。

（3）学校保卫处在接到报案后，还需要及时向公安机关报案，并在2小时内将具体情况及时向学校"应急组"汇报。

（4）涉案大学生及相关人员要加强与警方的配合，并及时提供对方账号及相关信息等线索，积极配合公安机关侦破案件，使网络贷款诈骗犯罪分子受到应有的法律制裁。

主要参考文献

[1]苗娣. 校园风险管理研究［D/OL］. 武汉:武汉大学,2012
［2012 – 04 – 01］. https://kns. cnki. net/KCMS/detail/detail. aspx?
dbcode = CDFD&dbname = CDFDLAST2015&filename = 1015026837.
nh&v = MDU1NDlEaDFUM3 FUcldNMU ZyQ1VSTE 9lWn VkdUZ5
SGxXcjN BVkYyNkc3 TzZH Tm5QcUp FYlBJUjhl WDFMdXh ZUzc
= .

[2]刘丹媛. 论高校学生伤害事故风险保障机制的完善[J].
法制博览,2015(36).

[3]崔德华,张德宝,刘春丹. 加强大学生风险防范意识教育的
意义及实现路径[J]. 重庆交通大学学报:社会科学版,2013,13
(4):113 – 116.

[4]李延德,陈萍,李路. 大学生在校期间风险管理探析[J].
新教育时代电子杂志(教师版),2016(10).

[5]宋婉如,余冲,吴雪莲,等. 我国大学生校园危机自我保护
能力研究[J]. 青年与社会:中外教育研究,2012(1):43 – 44.

[6]王鹏程. 新时期高校学生面临的安全问题及对策探索
[J]. 产业与科技论坛,2015(9):251 – 252.

[7]章小平,徐元. 在学生工作中引入校园风险管理意识的理

论思考[J].大学教育,2013(18):124-125.

[8]郭文超,王方悦,徐新,等.在校大学生金融安全意识及风险防范能力调查[J].合作经济与科技,2017(6):70-71.

[9]祁山,郝秀萍,李东阳,等.高校学生常见安全问题探析及应对[J].中国西部科技,2012,11(4):82-83.

[10]唐金成.现代保险学[M].长沙:中南大学出版社,2015.

[11]李刚,黎俊宏.大学生网贷风险警示[J].对外经贸,2016(7):114-115.

[12]刘月超.阻击校园风险[J].中国金融家,2007(9):72-73.

[13]郭洁,刘宝存.全面风险管理:加利福尼亚大学的实践与启示[J],全球教育展望,2011.

[14]任红印.建设高校风险管理体系创建和谐平安校园[J].管理工程师,2012(6):67-70.

[15]李绍锋,郑元凯.刍议当前高校学生管理风险与风险管理系统[J].金田,2014(10).

[16]张琴,陈柳钦.企业全面风险管理(ERM)理论梳理和框架构建[J].当代经济管理,2009.

[17]梁晟耀.全面风险管理实务操作指南[M].电子工业出版社,2015.

[18]李永海,钟慧澜.大学生危机教育研究:危机意识缺失与风险管理回应[J].知识经济,2012(3):145-146.

[19]李明,周旭明,叶振斌.影响高校稳定的突发事件的预警模型研究[J].长沙理工大学学报(社会科学版),2005,20(2):126-128.

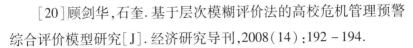

[20]顾剑华,石奎.基于层次模糊评价法的高校危机管理预警综合评价模型研究[J].经济研究导刊,2008(14):192-194.

[21]何思.大学生突发事件预警指标体系的构建[D/OL].广州:华南理工大学,2010[2010-05-28].https://kns.cnki.net/KCMS/detail/detail.aspx?dbcode=CMFD&dbname=CMFD2011&filename=2010227562.nh&v=MjQx NzVuVkxyyTV YxMjZIckc2R2 RUS3Ja RWJQSVI4ZVgx THV4WVM3 RGgx VD Nx VHJXTTF GckN-VUkxPZVp1ZHVGeUg=.

[22]何逢标.综合评价方法 MATLAB 实现[M].北京:中国社会科学出版社,2010.

[23]聂仁东,高永新.基于模糊综合评价的高校危机事件预警模型研究[J].当代教育论坛,2011(28):90-91.

[24]祁山,郝秀萍,李东阳,等.高校学生常见安全问题探析及应对[J].中国西部科技,2012,11(4):82-83.

[25]邓清.高校学生突发事件预警模型研究——以 S 大学为例[D/OL].苏州:苏州大学,2012[2012-04-01].https://kns.cnki.net/KCMS/detail/detail.aspx?dbcode=CMFD&dbname=CM-FD2012&filename=1012388089.nh&v=MjE2 MzkxRnJJDVVJMT2 VadWR1RnlIaFU3ek5 WRjI2SExDd0Z0Z0SEVwcEVVi UElSOGVVYMUx1e FlTN0RoMVQzcVRyV00=.

[26]冉伟刚.层次分析法的 MATLAB 设计与实现[J].电脑知识与技术,2015(5):234-235.

[27]潘彤光.高校校园安全风险因素探究及其防范措施探讨[J].职工法律天地,2016(12).

[28]王鑫明.高校校园危机及干预机制[J].教育与职业,2016

（15）.

[29]熊德明,王建梁.高校风险管理:来自英国的认识与实践
[J].清华大学教育研究,2008,03:108 - 112.

[30]高娟.高校风险管理研究综述[J].财会通讯,2015,16:43
- 46.

[31]王颖.美国大学校园危机管理对我国大学校园危机管理
的启示[J].黑龙江高教研究,2015,08:67 - 69.

[32]黄孔雀,许明.英国高校风险管理述评[J].集美大学学
报(教育科学版),2011,03:77 - 81.

[33]郭洁,刘宝存.全面风险管理:加利福尼亚大学的实践与
启示[J].全球教育展望,2011,11:69 - 72.

[34]胡海华.美国、日本高校危机应急机制的比较及对我国的
启示[J].长春工业大学学报(社会科学版),2011,06:125 - 127.

[35]郭洁.美国公立高校全面风险管理管窥[J].高教探索,
2012,06:34 - 39.

[36]朱晓斌.美国学校危机管理的模式与政策[J].比较教育
研究,2004,12:45 - 50.

[37]黄孔雀. 英国高校风险管理的理论与实践研究 [D/
OL].福州:福建师范大学,2010[2010 - 05 - 01]. https://kns.
cnki. net/KCMS/detail/detail. aspx? dbcode = CMFD& dbname =
CMFD2012&filename = 1011061737. nh&v = MDIw MDZZUzdEaD-
FUM3FUcldNMUZyQ1VSTE9lWnVkdUZ5RGtVYnZKVk
Yy Nkg3TytIOWJQcUpFYlBJUjhlWDFMdXg = .

[38]唐金成、周苏靖.平安中国视角的安全生产责任保险发展
研究[J].西南金融,2017(8),61 - 66.

[39]叶爱芬　多普勒雷达 VWP 产品在一次大暴雨过程中的特征[J].广东气象,2007,29(1):19-21.

[40]唐金成、薛珂.互联网时代反保险欺诈工作研究,浙江金融,2018(1),55-61.12000 字.

[41]李新仓.高校突发事件的防范体系及防范机制的实证研究[M].北京:人民日报出版社,2014.

[42]唐金成.现代农业保险学[M].北京:中国人民大学出版社,2013.

[43]罗红磊,何洁琳,李艳兰,等.气候变化背景下影响广西的主要气象灾害及变化特征[J].气象研究与应用,2016,01:10-14.

[44]唐金成.现代保险理论与实践[M].北京:中国人民大学出版社,2018.

[45]李菁,黄治逢,高安宁,等.广西重大锋面暴雨天气过程的特征分析[J].气象研究与应用,2008,29(1):1-4.

[46] Sandoval J. Handbook of Crisis Counseling, Intervention, and Prevention in the Schools[M]//Crisis Counseling, Intervention and Prevention in the Schools,3rd Edition. 2013.

[47] Sokolow B A. Risk management in the community college setting[J]. New Directions for Community Colleges,2004,2004(125):85-94.

[48]LaPointe, Richard T,et al. Resource Guide for Crisis Management in Schools. [J]. Accidents, 1996:205.